OLIVIER CLÉMENT
PATRIARCH ATHENAGORAS

Olivier Clément

Patriarch Athenagoras

Porträt eines Propheten

VERLAG NEUE STADT
MÜNCHEN · ZÜRICH · WIEN

Titel der französischen Originalausgabe:
Dialogue avec le patriarche Athénagoras

Übersetzung: Mathilde Wieman OSB

CIP-Kurztitelaufnahme der Deutschen Bibliothek

Clément, Olivier

Patriarch Athenagoras: Porträt eines
Propheten / Olivier Clément. [Übers.: Mathilde
Wieman]. – 1. Aufl. – München; Zürich; Wien:
Verlag Neue Stadt, 1982.

(Große Gestalten der Christenheit; 12)
Einheitssacht.: Dialogue avec le patriarche Athénagoras ‹dt.›
ISBN 3-87996-108-5

NE: GT

1982, 1. Auflage

Umschlaggestaltung: Dorothea Schaaf
Umschlagfoto: Giordani, Rom
Gesamtherstellung: Erhardi Druck GmbH, Regensburg · Waldsassen
ISBN 3-87996-108-5

Zur Einführung

Als am 6. Juli 1972 die Nachricht vom Tode des Ökumenischen Patriarchen Athenagoras I. von Konstantinopel in alle Welt ging, trauerte die Christenheit um einen großen Mann der Weltkirche. Sein Leben für die Einheit der Kirche, „für den einen Kelch“, der für ihn das Zeichen der vollen Gemeinschaft der Liebe und des Glaubens war, hat unauslöschliche Spuren hinterlassen. Sein Testament ist lebendig geblieben in den ökumenischen Bemühungen der letzten Jahre.

Patriarch Athenagoras war ein Mann des Glaubens, ein Prophet, beseelt von der Liebe Gottes, leidenschaftlich und rastlos darum bemüht, die Menschen zusammenzuführen und die Hindernisse der Spaltung und Trennung zu überwinden. Der Lebensweg des Patriarchen war gezeichnet von einem ständigen Ringen um die innere Freiheit in der wahren Liebe zu Gott und den Menschen. Sein sehnlichster Wunsch – die Einheit der christlichen Kirchen – war eine Frucht dieser brennenden Liebe.

Wie bei vielen großen Gestalten der Geschichte war es auch bei Patriarch Athenagoras so, daß er durch die Fügungen seines Lebens auf seine geschichtliche Stunde vorbereitet wurde. Schon in seiner Kindheit wurde er mit dem Problem des Zusammenlebens von Christen und Moslems konfrontiert. Er lernte in seiner Familie die Achtung vor denen, die anders dachten, fühlten und glaubten. Dies führte ihn dazu, nach möglichst tiefer Gemeinschaft mit diesen Menschen zu suchen. Eine solche Sicht der Dinge wird ihm später helfen, in der fast vollständig islamischen Umwelt von Istanbul frei sein Amt auszuüben.

In der berühmten Theologenschule von Halki bei Konstantinopel genoß er eine intensive Ausbildung. Sein Entschluß, Mönch zu werden, zeigt uns, daß sein Studium nicht nur geistige, sondern auch tiefe geistliche Beweggründe hatte. Damals nahm er den Namen Athenagoras an. Mit bürgerlichem Namen hatte er Aristokles Spyru geheißen.

Im kirchlichen Dienst versah er das Amt eines Erzdiakons in Monastir, einer Stadt auf dem Balkan, die – für jene Gegend charakteristisch – damals 30 000 Türken, 15 000 Griechen, 5000 Bulgaren und 3000 Serben zählte. Sein ganzes Leben hindurch lebte und wirkte er in einer national und religiös gemischten Welt. Seine erste Stelle als Bischof erhielt er 1923 auf Korfu, das ehemals unter dem Einfluß Venedigs stand. Hier gab es die ersten Berührungspunkte mit Katholiken; mit dem katholischen Bischof verbanden ihn freundschaftliche Beziehungen. Von dort aus nahm er auch bereits im Jahre 1926 an einer ökumenischen Jugendveranstaltung in Helsinki teil, deren Initiative hauptsächlich von evangelischen Christen ausging.

Seine Berufung als Erzbischof der Orthodoxen von Nordamerika im Jahre 1930 brachte ihn in Kontakt mit der Neuen Welt. Auch hier war er wieder eingetaucht in eine Fülle verschiedener Denk-, Glaubens- und Lebensauffassungen. Ein Schwerpunkt seiner Arbeit lag darin, die orthodoxe Kirche in das Lebensgefüge Amerikas einzubringen und doch nichts von der Glaubenssubstanz preiszugeben.

Schließlich erreichte er – äußerlich gesehen – 1948 die höchste Stufe in der orthodoxen Hierarchie als Erzbischof von Konstantinopel und Ökumenischer Patriarch, dem ein Ehrenprimat in der gesamten orthodoxen Welt zukommt. Es vergingen zehn lange Jahre, bis er erstmals anläßlich der Krankheit und des Todes Papst Pius' XII.[1] offiziell Kontakt zur katholischen Kirche aufnehmen konnte.

Wenn Liebe nicht nur ein Gefühl bleiben will, gehört die Geduld dazu. Das bedeutet warten können – lange warten können, lernen, die Dinge mit den Augen Gottes zu sehen; und dabei langsam jenen großartigen Plan der göttlichen Weisheit entdecken und selber mitgestalten, den Gott in seiner ewigen Liebe vorbereitet hat.

Es ist auffallend, wie sehr sich Athenagoras von Gottes Plänen führen ließ. Seine „Karriere" war nicht erkämpft, er nahm sie an in der ganzen Freiheit eines Menschen, der sich der Größe und Verantwortung der verschiedenen Aufgaben voll bewußt war. Er stellte sich den Aufgaben und Ämtern, weil er sich Gott darin zur Verfügung stellen konnte. Und je bedeutender seine Stellung wurde, desto größer wurde offensichtlich auch seine Demut.

Mit dem Amt des Erzbischofs von Konstantinopel und dem Ökumenischen Patriarchat begann für Athenagoras die Zeit, in der die ganze Menschheit und die Kirche in ihrer universalen Ausbreitung noch stärker ins Blickfeld seiner visionären Gedanken rückte. Ohne etwas zu überstürzen, arbeitete er beharrlich, treu und hoffnungsfroh an einer Öffnung zu immer mehr Verstehen, Aufeinander-Hören und Voneinander-Lernen. Wie in der Natur geht auch im geistlichen Leben das Wachsen schweigend vor sich. Dazu gehören viel Sammlung, Gebet und ein unerschütterliches Vertrauen. Erst wenn die Früchte geerntet werden, geht es lauter und aktiver zu. Vorher muß geschwiegen und gelitten werden: Das Weizenkorn muß in die

[1] Tomos Agapis, Innsbruck 1978, Nr. 1 und 2 (im folgenden abgekürzt TA).

Erde fallen und sterben. Das war der verborgene Hintergrund im Leben des Patriarchen.

Es versteht sich von selbst, daß man außerhalb der eigenen Zuständigkeit nichts Entscheidendes zuwege bringen kann, wenn man nicht im eigenen Raum alles Menschenmögliche getan hat. Wenn die Leidenschaft des Patriarchen in der Einheit aller Menschen, aller Christen und Konfessionen bestand, so mußte er sich zuerst über die Lage innerhalb der orthodoxen Kirche Rechenschaft ablegen. Es war ihm klar, daß es mit der Übereinstimmung der „autokephalen“[2] Kirchen in der Orthodoxie nicht zum besten bestellt war. Wenn auch bezüglich des Glaubensinhaltes keine Differenzen spürbar sind, so ist eben doch die Uneinheit in der tagtäglichen Administration der Kirche oft genug schmerzlich offenbar geworden.

Dazu kam nach dem Zweiten Weltkrieg die Teilung der Erde in zwei große Machtblöcke – in Ost und West –, was nicht unbeträchtliche Spannungen zwischen den orthodoxen Kirchen des Westens und des Ostens hervorrief. Man hätte erwarten können, daß der langjährige orthodoxe Erzbischof von Nordamerika, der mit den Präsidenten Roosevelt und Truman persönlich bekannt bzw. befreundet war, in diesem Spiel der großen Politik Partei für den Westen ergreifen würde. Statt dessen ist es gerade seinem unaufhaltsamen Drängen zuzuschreiben, daß bis zum Jahre 1969 fünf panorthodoxe Konferenzen[3] durchgeführt wurden. So konnte ein innerorthodoxer Dialog eröffnet werden, der es den Orthodoxen ermöglichte, ähnlich wie es im Zweiten Vatikanischen Konzil geschah, die in der heutigen

---

[2] Auto-kephal, wörtlich eigen-felsig, d. h. selbständig. Diese Kirchen beziehen sich zum Teil auf Apostelgründungen und leiten von daher eine relativ große Selbständigkeit ab.

[3] Pan-orthodox, wörtlich all-orthodox. Versammlung der Vertreter aller orthodoxen Kirchen.

Welt anstehenden Fragen gemeinsam anzugehen und nach Lösungen zu suchen. Daß die Sorge von Athenagoras um gute Beziehungen gerade zum Moskauer Patriarchat von Erfolg gekrönt war, lag nicht zuletzt daran, daß er, frei von allem geistlichen Machtstreben, immer darauf bedacht war, die erforderlichen Schritte gemeinsam zu überlegen und gegebenenfalls auch aufzuschieben, wenn die andere Seite sich noch nicht dazu in der Lage fühlte.[4]

Patriarch Athenagoras hatte ein weites Herz. Und es verwundert bei näherem Zusehen nicht, daß er nach Möglichkeiten suchte, die Einheit auf allen Ebenen voranzutreiben. Hierbei kam nach seiner Auffassung dem Dialog mit der römisch-katholischen Kirche eine hervorragende Bedeutung zu. Aber wie anfangen? Die Fronten waren seit Jahrhunderten erstarrt. Schon ein Gespräch in Gang zu bringen, schien aussichtslos in einer Zeit, in der die verschiedenen Konfessionen selbst um ihre innere Einheit ringen mußten. Wie sollte man da an die großen Aufgaben der Ökumene herangehen?

Nur wenn man etwas weiter vorausblicken konnte – und das war dem prophetischen Geist des Patriarchen Athenagoras gegeben –, erkannte man die Herausforderung des Atheismus unserer Zeit. Ihm konnte und kann man nicht begegnen mit dem nach vielen christlichen Konfessionen und Denominationen aufgesplitterten Zeugnis der Kirchen, sondern nur in dem Maß, wie die Christen und die christlichen Kirchen untereinander das Neue Gebot Jesu verwirklichen: „Liebt einander, wie ich euch geliebt habe!“[5] Dieses christliche Grundgesetz schien zwischen den großen Kirchen in Vergessenheit geraten zu sein. Und es ist Patriarch Athenagoras zu danken, daß er durch den ökumeni-

---

[4] Beispielsweise die Entsendung von orthodoxen Beobachtern erst zur dritten und vierten Session des Zweiten Vatikanischen Konzils.

[5] Joh 13,34.

schen Dialog etwas in Bewegung gebracht hat, das dem innersten Willen Jesu Christi selbst entspricht.

Athenagoras ging davon aus, daß die wichtigsten Glaubensinhalte der Orthodoxie mit der katholischen Glaubenslehre übereinstimmen. Hinsichtlich der Taufe, der Eucharistie, des Priestertums und des Bischofsamtes gibt es keine Unterschiede, in gleicher Weise verehren Orthodoxe und Katholiken die Gottesmutter Maria, und immerhin zählen die sieben ersten Konzilien der Christenheit zum gemeinsamen Erbe.

Anderseits war ihm auch bewußt, daß es kritische Punkte gab. Seit Jahrhunderten hatte die lateinische Kirche des Westens in ihrem Glaubensbekenntnis das „filioque“[6], das die Orthodoxie nie aufgenommen hatte. Aus diesem Unterschied ergeben sich beiderseitig verschiedene Auffassungen über die Heiligste Dreifaltigkeit. Die Stellung des Papstes, insoweit er Nachfolger des Apostels Petrus, Bischof des „Alten Rom“ und Patriarch des Abendlandes ist, bedeutete kaum ein Problem, jedoch war die Schwierigkeit besonders durch die Formulierung des Unfehlbarkeitsdogmas von 1871 und in gewisser Weise sogar durch die Mariendogmen von 1858 und 1950 gegeben. Zweifellos war das größte Hindernis jedoch das eisige Klima zwischen beiden Seiten.

Mit maßgeblichen Vertretern der Kirchen der Reformation war Athenagoras durch freundschaftliche Beziehungen verbunden. Dies kam in seiner Mitarbeit am Genfer Weltkirchenrat[7] deutlich zum Ausdruck. Jedoch sah er die Einigung mit den reformatorischen Kirchen eher als eine Aufgabe der katholi-

---

[6] Wörtlich „und dem Sohn“. Aus dem Großen (Nizäno-konstantinopolitanischen) Glaubensbekenntnis, wo es heißt: „Wir glauben an den Heiligen Geist, der Herr ist und lebendig macht, der aus dem Vater (und dem Sohn) hervorgeht...“

[7] Er war darum bemüht, daß alle orthodoxen Kirchen am Weltkirchenrat mitarbeiteten.

schen Kirche an, da sie aus ihrem Bereich heraus entstanden seien.[8]

Im Rahmen dieser Gedanken über die große Gestalt des Ökumenischen Patriarchen nimmt sein Verhältnis zu Papst Paul VI. einen besonders wichtigen Platz ein. Vergessen wir nicht, daß während seiner Amtszeit als Patriarch drei verschiedene Päpste in Rom regierten. Zunächst Pius XII.[9], in dessen Zeit eine größere Annäherung wohl noch nicht möglich war. Um so auffallender ist es, daß die beiden ersten Dokumente im Dialog mit Rom gerade diesem Papst gewidmet sind, auch wenn sie in der Sprache noch ziemlich streng und förmlich gehalten sind.

Durch die intensiveren Beziehungen zu Papst Johannes XXIII.[10] konnten in dessen Amtszeit einige wichtige Weichen für die Ökumene gestellt werden. In einem Pressekommuniqué des Patriarchats[11] anläßlich der Wahl Johannes' XXIII. gratuliert er dem neuen Oberhaupt der katholischen Kirche. Er erklärt sich sofort solidarisch mit dem Papst in der dringenden Sache des Friedens in der Welt. Er knüpft dort die Verbindung an, wo es ohne weiteres möglich ist, eine gemeinsame Basis zu finden.

Johannes XXIII. richtete das Sekretariat der Einheit der Christen ein, das zunächst unter der mutigen und besonnenen Leitung des deutschen Kardinals Augustin Bea (1881–1968) stand. An seiner Seite war von Anfang an der niederländische Bischof Jan Willebrands, der nach dem Tode Kardinal Beas dessen Nachfolge antrat. Dieses Sekretariat gewann besondere

---

[8] Vgl. die französische Originalausgabe „Dialogues avec le patriarche Athénagoras", Paris 1969, S. 454.

[9] Er war Papst von 1939–1958.

[10] Seine Amtszeit dauerte von 1958–1963.

[11] TA Nr. 3.

Bedeutung für den Dialog zwischen Rom und Konstantinopel, aber auch für die Kontakte mit allen anderen christlichen Kirchen. Bischof Willebrands war der erste vatikanische Besucher[12] im Phanar, dem Amtssitz des Ökumenischen Patriarchen in Istanbul. Die Dankesbriefe[13] lassen ahnen, wie herzlich die Gastfreundschaft gewesen sein muß, die ihm zuteil geworden war. Der Patriarch hatte es auch nicht versäumt, kleine Andenken und Geschenke an Kardinal Bea mitzugeben. Diese Beziehungen wurden wirklich zu freundschaftlichen Begegnungen, in denen ein Stück lebendige Einheit Wirklichkeit wurde.

In den sechziger Jahren mehren sich die Kontakte. Die überraschende Ankündigung des Zweiten Vatikanischen Konzils durch Papst Johannes XXIII. wirft die Frage auf, wie sich die anderen christlichen Konfessionen verhalten werden. Das soeben gegründete Einheitssekretariat übernimmt die Aufgabe, die Einladung zur Teilnahme als Konzilsbeobachter an die verschiedenen christlichen Kirchen zu überbringen. Daß sie nur als Beobachter teilnehmen konnten, mag als ein Handicap erscheinen, jedoch schon allein ihre Präsenz und die vielen interkonfessionellen Treffen und Gespräche, die sich dabei ergaben, trugen nicht wenig dazu bei, das Zweite Vatikanum wirklich zu einem ökumenischen Ereignis werden zu lassen.

Kaum war die 1. Sitzungsperiode zu Ende, wurde Papst Johannes XXIII. schwer krank und bereitete sich auf den Tod vor. Es wurde bekannt, daß er im Todeskampf immer und immer wieder das Testament Jesu „ut unum sint" (daß sie eins sein mögen) beschwor. – Patriarch Athenagoras erklärte in einer Sitzung des Hl. Synods zum Tode Johannes' XXIII.: „Weit-

---

[12] Anfang 1962.
[13] TA Nr. 8 und 9.

blickend und bahnbrechend in der Frage der Annäherung der Kirchen Christi, hat er durch die Einberufung des Zweiten Vatikanischen Konzils bewiesen, daß die katholische Kirche mit dem Gefühl der Liebe und des Friedens Christi der orthodoxen apostolischen Kirche und den anderen Kirchen Christi gegenüber durchdrungen ist."[14]

Kurz nach seiner Wahl schickt Papst Paul VI. einen ersten handgeschriebenen Brief an Patriarch Athenagoras.[15] Er unterstreicht darin seinen Willen, alles in seiner Macht Stehende zu tun, um die volle Einheit zu erreichen. Er schlägt vor, die Vergangenheit dem Erbarmen Gottes anzuvertrauen und sich nach der Zukunft auszustrecken, der „vollen Verwirklichung seines Willens entgegen"! In seinem Antwortbrief[16] vom 22. November 1963 bekundet Athenagoras seine volle Solidarität mit dem Schreiben des Papstes und bietet die Gemeinschaft der Liebe an. Er lädt ein, „mit reuigem Herzen und mit einfachem Auge wieder zum Willen des Herrn aufzublicken, damit das Reich Gottes auf Erden komme".

Die Kontakte zwischen Paul VI. und Athenagoras I. haben sich sehr schnell verdichtet, so daß es zu einer Begegnung der beiden Oberhirten kam. – Die Ankündigung der Pilgerreise des Papstes ins Heilige Land fand bei Athenagoras einen tiefen Widerhall. Er machte in diesem Zusammenhang den Vorschlag, daß „alle Leiter der heiligen Kirchen des Ostens und des Westens, aller drei Konfessionen, in der heiligen Stadt Sion einander begegneten, damit sie dort in gemeinsamer Reue des Geistes und des Herzens, mit erlösenden Tränen und innigen Gebeten auf dem mit dem Blut Christi getränkten Kalvarien-

[14] TA Nr. 26.
[15] TA Nr. 33.
[16] TA Nr. 35.

berg... kniend einen neuen und gesegneten Weg im Geist der Einheit einschlagen"[17].

Dieser weitreichende, visionäre Vorschlag des Patriarchen ließ sich damals nicht verwirklichen. Zu gewichtig war noch die seit Jahrhunderten schwer lastende Hypothek der Trennung. Aber wir ersehen aus dieser Botschaft die große Sehnsucht des Patriarchen nach der Einheit aller Christen, die ihn zutiefst beseelte. Auch in den darauffolgenden Jahren zeigte er immer wieder die Bereitschaft, die Initiativen des Papstes nicht nur zu würdigen, sondern ebenso selbst konkrete Schritte in der gleichen Richtung zu tun. Und wenn schon die Begegnung aller Kirchenverantwortlichen auf höchster Ebene noch nicht möglich war, sollte sich doch wenigstens die erste historische Begegnung in Jerusalem ergeben.

Durch ein vorher genau abgestecktes Protokoll, zu dessen Zusammenstellung der Patriarch eigens einen der Metropoliten als persönlichen Vertreter in den Vatikan entsandte, wurde das Treffen vorbereitet. Jerusalem, der Ort, wo Jesus Christus gelebt und zur Erlösung der Menschen gelitten hatte, sollte die Stätte dieses geschichtlichen Augenblicks sein. Es fanden zwei Begegnungen statt, eine am 5. Januar 1964 und die andere am darauffolgenden Tag. Patriarch Athenagoras drückte dabei zum ersten Mal offiziell seine große Sehnsucht aus, daß „unsere Begegnung das Morgenrot eines strahlenden und heiligen Tages werden möge, an dem die kommenden christlichen Generationen vom selben Kelch den kostbaren Leib und das kostbare Blut des Herrn empfangen"[18]. Diese Worte des Patriarchen sind getragen von der ihm eigenen prophetischen Hoffnung, die nichts für unmöglich hält.

---

[17] Kommuniqué des Ersten Sekretariats am 6. 12. 1963; TA Nr. 36.
[18] TA Nr. 48.

Es war eine herzliche, brüderliche Begegnung mit dem denkwürdigen Friedenskuß, den Paul VI. als „Zeichen und Unterpfand“[19] der brüderlichen Liebe deutete, durch die der eben begonnene Weg seine Fortsetzung finden und schließlich alle Schwierigkeiten überwinden müsse. – Der Nachhall dieser Begegnung schlägt sich in etlichen Briefen und Telegrammen nieder[20] bis hin zum besorgten Telegramm des Papstes, der von der Erkrankung des Patriarchen hörte und ihm „liebevolle Wünsche zur baldigen Genesung“[21] entbot. Die sehr persönliche Beziehung der beiden Kirchenführer kommt auch zum Ausdruck in einem Telegramm des Patriarchen an den Papst, in dem er schreibt, daß er seit Jerusalem „sehr und dauernd“[22] an ihn denke und die Verwirklichung des „Auf-Wiedersehens“ wünsche, eine Hoffnung, die der Papst in Jerusalem selber ausgesprochen hatte und woran Athenagoras in feinfühliger Weise anknüpft.

Dieser Wunsch sollte sich erfüllen, als Papst Paul VI. sich nach Konstantinopel an den Sitz des Ökumenischen Patriarchen aufmachte, um „die Bande des Glaubens, der Liebe, der Freundschaft zu verstärken“[23]. Das war eine Geste, die Athenagoras zutiefst bewegte. „Und siehe“, rief er aus, „wir haben in unserer Mitte, gegen jede menschliche Erwartung, den Bischof von Rom, den Ersten von uns, der Ehre nach, ‚den Vorgesetzten der Liebe‘[24]“.[25] Wieder fällt das Wort von der künftigen Konzelebration, von der Verwirklichung des „einen Kelches“. Und dann das großartige Wort der Schrift, das schon im

---

[19] TA Nr. 49.
[20] TA Nr. 51–56.
[21] TA Nr. 57.
[22] TA Nr. 62.
[23] TA Nr. 171.
[24] Ignatius von Antiochien, Brief an die Römer (PG 5,801).
[25] TA Nr. 173.

Munde Johannes' XXIII. war, von Paul VI. aufgegriffen wurde und jetzt von Athenagoras betont wird: „Nicht ich sage es, der Herr sagt: ‚Daß alle eins seien‘ (Joh 17,21).“[26]

Bei diesem Besuch am 25. Juli 1967, dem Fest des Apostels Jakobus, übernimmt Paul VI. in seinem Breve „Anno ineunte“[27] den Begriff „Schwesterkirchen“, den Patriarch Athenagoras bereits seit Anfang 1964 gebrauchte[28]. Dieser Ausdruck hatte schon im Ökumenismusdekret des Zweiten Vatikanischen Konzils „Unitatis Redintegratio“ Eingang gefunden.

Die dritte und letzte Begegnung der beiden obersten Hierarchen sollte sich in Rom im Jahre 1967 ereignen während der Bischofssynode, die nach dem Zweiten Vatikanischen Konzil zur ständigen Einrichtung der katholischen Kirche geworden ist und alle zwei Jahre tagt.

Patriarch Athenagoras hatte seit langer Zeit den Wunsch, nach Rom zu reisen. Er wollte „den Papst, den Patriarchen der heiligen römisch-katholischen Kirche des Westens“[29] besuchen. Wie er selber andeutet[30], hat die Initiative des Papstes den Zeitpunkt der Reise vorgeschoben. Mit bewegenden Worten erinnert Athenagoras bei dieser Begegnung daran, daß „unser aller Auszug aus der Isolierung und der Autarkie auf der Suche nach einem festen Boden, auf dem die ungeteilte Kirche gegründet wurde, uns die Wahrheit geoffenbart hat, daß es mehr einende als trennende Elemente gibt“[31]. Ebenso sei es unmöglich, daß ein verantwortlicher Hirte einer Kirche heute nicht das dringende Bedürfnis nach Heilung der schweren Sünde der Trennung empfindet.

---

[26] ebd.
[27] TA Nr. 176.
[28] TA Nr. 58 u.a.
[29] TA Nr. 186.
[30] ebd.
[31] TA Nr. 189.

Bei der Begegnung mit den Persönlichkeiten der römischen Kurie und den Mitgliedern der Bischofssynode spricht Athenagoras aufs neue die Hoffnung aus, daß die Bischöfe aus dem Westen und dem Osten am selben Opferaltar in gemeinsamer Eucharistie den Kelch des Heiles erheben werden. Und er fügt hinzu: „Vielleicht verzögert sich diese Stunde. Aber die Stunde der Liebe ist gegenwärtig."[32]

Selbstverständlich waren diese drei großen historischen Begegnungen bei weitem nicht die einzigen Berührungspunkte. Jahrelang wechseln sich die Glückwünsche zu den Hochfesten der Christenheit ab, ebenso Botschaften und Telegramme an den Gedächtnistagen der einzelnen Begegnungen wie auch Genesungswünsche, wenn einer der beiden krank war. Athenagoras begegnet dem Papst mit aller erdenklichen Ehrerbietung und freundschaftlichen Liebe. Man hat nicht den Eindruck, er verwende nur eine höfliche Anrede, wenn er seine Briefe an den Papst oft so beginnt: „Paul, dem seligsten und heiligsten Papst des Alten Rom". Seine Freundschaft kam auch zum Ausdruck in der Wachsamkeit, mit der er alle Schritte des Papstes begleitete, so beispielsweise anläßlich der Einführung des Weltfriedenstages am 1. Januar 1968[33] und während der verschiedenen Reisen des Papstes, nach Bombay, nach Bogota und Sydney, an den Sitz der Vereinten Nationen, nach Genf und nach Afrika, auf denen er, „im Geist und Gebet vereint, den Papst begleitete"[34].

Ebenso drückte er seine Solidarität aus anläßlich der päpstlichen Rundschreiben „Populorum progressio" und „Humanae vitae"[35]; er erflehte den Segen des Herrn für die Arbeiten des

---

[32] TA Nr. 193.
[33] TA Nr. 205.
[34] TA Nr. 254.
[35] TA Nr. 151 und 225.

Zweiten Vatikanischen Konzils, jeweils auch für die Bischofssynoden, gratulierte dem Papst an seinen Namenstagen und Geburtstagen und wußte immer mit symbolreichen Geschenken Freude zu bereiten. Demütig nannte er Paul VI. seinen „älteren Bruder". Er bezeichnete ihn gerne auch als Paul II., „weil er wirklich der zweite heilige Paulus ist". Er empfand zu ihm eine tiefe Einheit des Geistes und des Herzens. „Ich verehre und liebe ihn, den großen Bruder des Westens."[36] In der Kapelle des Patriarchats steckte er gewöhnlich zwei Kerzen vor dem Bild der Gottesmutter auf, eine für Papst Paul und eine für sich, und er äußerte dazu: „Die Mutter will die Söhne vereint sehen."[37]

Patriarch Athenagoras war ein Wegbereiter der Einheit der Christenheit. Er verkörperte die Sehnsucht der heutigen Menschen nach Einheit und Frieden, und es war seine feste Überzeugung, daß insbesondere die Christen dabei einen wichtigen Auftrag haben. „In den ersten zehn Jahrhunderten der Christenheit haben wir die Lehren und die Organisation der Kirche festgelegt. Die nächsten zehn Jahrhunderte brachten die Spaltungen und Trennungen. Unsere Epoche ist die dritte Epoche, die der Liebe."[38]

Wenn der Patriarch über den Papst redete, dann sprach er aus seinem Innersten: „Wissen Sie, wie ich manchmal den Papst sehe? Mit großem Leid, denn er weiß um alles Negative in der Welt. Deshalb habe ich mich in seinen Dienst gestellt. – Er trägt die Tradition und Geschichte von zwanzig Jahrhunderten

---

[36] vgl. Avvenire vom 12. 1. 1969, S. 3.
[37] Aus unveröffentlichten Aufzeichnungen Chiara Lubichs.
[38] Aus den persönlichen Gesprächen des Patriarchen mit Chiara Lubich (nicht veröffentlicht).

auf seinen Schultern... Wie könnte er zwanzig Jahrhunderte abwerfen?“[39]

In einer Botschaft des Patriarchen an die Fokolar-Bewegung schreibt er u. a.: „Die drei Begegnungen mit Paul VI. in Jerusalem am 5. Januar 1964, in Istanbul am 25. Juni 1967 und in Rom am 26. Oktober 1967, die ein überragendes Zeichen des Triumphes der Liebe Christi und der Größe des Papstes sind, haben uns ganz entschieden auf den Weg gestellt, der die Verwirklichung dessen, was Christus will, erbringen wird: die Begegnung im gleichen Kelch seines Leibes und Blutes. Wir haben den gleichen Herrn, die gleiche Mutter, den gleichen Kelch, die gleiche Kirche, das gleiche Leben hier und in der Ewigkeit. Hier ist der Hymnus, den die Engel an Weihnachten singen... Das ist höchste Theologie. Wenn aus verschiedenen Gründen noch theologische Unterschiede bestehen, so wird die Sonne der Liebe sie verblassen lassen und uns zur richtigen Sicht führen: Wir alle gehören der Religion Christi an. Christen des Abend- und des Morgenlandes, wir sind jetzt aufgerufen, überallhin das Bewußtsein zu tragen, daß wir alle zu der einen Kirche gehören... Ein strahlender Morgen eines neuen christlichen Frühlings, seit Jahrhunderten erwartet: Geliebte Söhne und Töchter, gehen wir gemeinsam auf die einzige Kirche Christi zu – der Tag muß kommen – und er wird kommen!“[40]

Als Patriarch Athenagoras zum Weltfriedenstag 1972, einige Monate vor seinem Tode, eine Botschaft an Papst Paul VI. sandte, schrieb er: „Untrennbar verbunden durch die Gemeinschaft in der Liebe Christi mit Ihnen.“ – „Untrennbar“, mit diesem Wort schenkt Athenagoras sein Herz, und es gibt einen Einblick in jenes Wunder, das der Heilige Geist in ihm gewirkt

---

[39] ebd.

[40] Brief vom 16. 2. 1968; vgl. Città Nuova, 7, 1968, S. 28.

hat. In einem persönlichen Gespräch mit Chiara Lubich, der Gründerin der Fokolar-Bewegung, sagte er einmal: „Ich weiß mich so sehr mit dem Papst vereint, daß es für mich selbst ein Geheimnis ist."

Worte, Gesten und Taten echter christlicher Bruderliebe bezeugen deutlich den wiederaufgenommenen Dialog. So beispielsweise der Entschluß des Papstes, die Reliquie des hl. Andreas der Kirche von Patras zurückzugeben.[41] Sie war fünf Jahrhunderte lang in Rom verblieben, und die Rückgabe war für die „ganze Orthodoxie" eine große Freude.[42] Der Apostel Andreas ist nach alter Überlieferung der Gründer des apostolischen Sitzes von Konstantinopel.

Ein herausragender Schritt schließlich war 1965 die gegenseitige Aufhebung der Bannsprüche aus dem Jahr 1054. In parallelen Feiern zu Konstantinopel und Rom erklärten die Schwesterkirchen, daß sie jene unseligen Ereignisse aus dem Gedächtnis der Kirchen tilgen wollen.[43]

Als Zusammenfassung dieser Bemühungen kann man die gemeinsame Herausgabe des „Tomos Agapis" im Jahre 1971 bezeichnen. Es ist der Schriftwechsel zwischen den beiden Großen der ökumenischen Bewegung. Paul VI. drückt darin seinen festen Willen aus, „alles, was möglich ist, zu tun, um den so ersehnten Tag herbeizuführen, an dem wir zum Abschluß einer Konzelebration miteinander am gleichen Kelch des Herrn kommunizieren dürfen. In dieser Hoffnung müssen wir uns jetzt schon bemühen, zwischen dem Klerus und den Gläubigen auf katholischer und orthodoxer Seite überall eine wirklich brüderliche Haltung wiederherzustellen."[44]

---

[41] TA Nr. 66.
[42] TA Nr. 67.
[43] TA Nr. 128 und 129.
[44] TA Nr. 283.

Im Antwortschreiben des Patriarchen, dem letzten Dokument aus seiner Feder vor seinem Tod im Juli 1972, finden wir noch einmal ein beredtes Zeugnis der Weisheit dieses Gottesmannes. Er möchte „seinem älteren Bruder" versichern, daß er das „nach gemeinsamem heiligem Wunsch" begonnene und gewachsene heilige Werk fortsetzen und vollenden möchte, „um die eine, heilige, katholische und apostolische Kirche in der Welt sichtbar zu machen und zu zeigen. Haben wir nicht dem geglaubt, der gesagt hat, daß das für Menschen Unmögliche bei Gott möglich ist und den Glaubenden alles möglich ist?"[45]

Inzwischen sind beide Hirten verstorben, aber der Dialog ist weitergegangen. Auf Patriarch Athenagoras I. folgte Demetrios I. Es scheint, daß in den letzten Jahren viel im Hintergrund gearbeitet wurde. Außer den Feiern zum zehnjährigen Gedächtnis der Aufhebung der Bannsprüche im Jahr 1975, bei denen Papst Paul VI. den denkwürdigen Kniefall und Fußkuß am Metropoliten Meliton vornahm, eine weithin beachtete Geste der Reue, die alle Anwesenden zutiefst bewegte, erfuhr man nicht viel in der Öffentlichkeit.

Vieles ist schon so selbstverständlich geworden, daß die Öffentlichkeit davon gar nicht mehr Kenntnis nimmt. So fährt seit Jahren jedesmal zum Hochfest des Patriarchats, dem Fest des heiligen Apostels Andreas, eine Delegation von Rom nach Konstantinopel; ebenso ist zu den Feierlichkeiten am Fest Peter und Paul immer eine Delegation des Ökumenischen Patriarchen in Rom anwesend. Auch die anderen autokephalen Kirchen haben ihre Kontakte ausgeweitet, sowohl durch offizielle Besuche in Rom als auch durch Einladung von katholi-

[45] TA Nr. 284.

schen Delegationen in ihre Kirchen. Man nimmt gegenseitig teil an Freud und Leid der einzelnen Teilkirchen. Regelmäßig schickt man sich zu Ostern und Weihnachten Grußadressen, und man hat dadurch wieder die alte Tradition der „comunio epistolaris", der Friedensbriefe aufgenommen, besonders auch durch Übermittlung der Rundbriefe und Enzykliken, die ursprünglich nur für die eigene Kirche bestimmt waren. Die russische Kirche gesteht den Katholiken sogar schon eine bedingte Kommuniongemeinschaft zu, d.h. in Notfällen und wenn längere Zeit kein katholischer Priester zu erreichen ist.

Seit mehr als zehn Jahren studieren orthodoxe Theologen an katholischen Theologischen Fakultäten, um ihr Wissen über die Lehre und Praxis der westlichen Tradition, besonders der katholischen Kirche, zu erweitern und um einige Jahre mit katholischen Geistlichen und Theologen zusammenzusein. Sicherlich werden dadurch viele zukünftige Führungskräfte herangebildet, die aufgrund gegenseitigen Kennenlernens und durch persönliche Freundschaften das seit Jahrhunderten getrübte Klima verbessern können. Heute finden auch im Volk ungezählte Begegnungen statt, denn Hunderttausende von orthodoxen Christen leben im Westen als Flüchtlinge, als Emigranten und vor allem als Gastarbeiter; ebenso kommen durch Studienreisen und Tourismus viele Christen aus dem Westen in Berührung mit östlicher Volksfrömmigkeit und Gastfreundschaft.

Man darf andererseits auch nicht übersehen, daß die besonders durch Patriarch Athenagoras und Papst Paul VI. ausgelöste ökumenische Bewegung der Einheit auch auf Widerstand stößt, besonders in Mönchskreisen – wie beispielsweise am Berg Athos, wo man Sturm läuft gegen den Ökumenismus, den sie die „größte Häresie des 20. Jahrhunderts" nennen.

Gerade weil nun die Arbeit auf der breiten Basis des Volkes und der unteren Schichten des Klerus und der religiös aufgeschlossenen Laien geschieht, ist sie nicht mehr so spektakulär, aber dafür um so notwendiger. Sonst könnte es wieder sein, wie es schon einige Male in der Geschichte geschehen ist, daß von oben her Unionen beschlossen und aufrichtig gewollt waren, die aber von der Basis her nicht die Unterstützung und Zustimmung fanden und dann zu neuen internen Spaltungen und Gegensätzlichkeiten Anlaß gaben.

Der zweite Nachfolger Papst Pauls VI., Johannes Paul II., nahm seine vierte Auslandsreise 1979 zum Anlaß, den Patriarchen Demetrios I. im Phanar aufzusuchen, um das Werk der Einheit fortzusetzen. Dabei wurde auch eine gemischte, theologische Kommission ins Leben gerufen aus Katholiken und Orthodoxen aller autokephalen Kirchen, deren Aufgabe es ist, zum Dialog der Liebe auch den Dialog der Wahrheit weiterzuführen. Diese theologischen Gespräche wurden am 29. Mai 1980 auf der Insel Patmos eröffnet.

Für die erste Phase des theologischen Dialogs zwischen Orthodoxen und Katholiken wurden vorrangig drei offizielle Gesprächsthemen in den Mittelpunkt gestellt: das Mysterium der Kirche, die Eucharistie und das Geheimnis des dreifaltigen Gottes. Drei Subkommissionen haben Ende Mai 1981 in Venedig ihre ersten Ergebnisse vorgelegt. Im Blickfeld dieser theologischen Gespräche stand das gemeinsame Bemühen, einen wirksamen Beitrag für die Gesamtökumene zu liefern und nicht unabhängig vom großen ökumenischen Umfeld zu arbeiten. Das war eine der grundlegenden Zielsetzungen bei den Beratungen, und sowohl Patriarch Demetrios als auch Papst Johannes Paul II. haben das nachdrücklich unterstrichen. In der Zwischenzeit ist die zweite Dialogphase angelaufen, die in Kürze ihre Arbeiten abschließt. So entwickelt sich Baustein für

Baustein das ökumenische Gespräch, die Verwirklichung der Einheit der Christen, für die Patriarch Athenagoras gelebt und der er mit all seinen Kräften gedient hat.

Die wahre Größe des Patriarchen Athenagoras wird man erst später voll ermessen können. Sicher ist, daß er eine prophetische Gestalt für diese Zeit gewesen ist, ein Mensch, der sich vom Willen Gottes leiten ließ und unerschütterlich davon überzeugt war, daß die Liebe alle Trennungen überwindet.

Johannes Bold – Albert Rauch

Ein Lebensbild des Patriarchen Athenagoras

Wenn man in Istanbul von den Neubauvierteln aus die innerste Brücke des Goldenen Horns überquert, wo am anderen Ufer eine riesige Autobahn den byzantinischen und türkischen Stadtteil von der Altstadt trennt – während der römische Valensaquädukt sie sieghaft miteinander verbindet –, dort muß man sich nach rechts wenden und der Straße folgen, die zum Goldenen Horn hinaufführt. Ganz in der Nähe der kleinen Treppe des Fener findet sich eine stille Allee. An der Seite des Hügels führt eine Treppe zu Gärten, die sich bis an die alte byzantinische Mauer hinaufziehen. Man gelangt auf einen kleinen Platz, zu einer Kirche und zu einem Brunnen unter einem gewaltigen Baum. Rechts einige moderne Bauten; links eine sehr bescheidene Kirche im Stil der Basiliken des 17. Jahrhunderts, deren Dach wie gewöhnlich mit Gras bewachsen ist; überall Alleen von Pinien und Zypressen und Rosen. In der Vorhalle ein schönes byzantinisches Mosaik, das dort wieder angebracht wurde: Es stellt die Gottesmutter dar mit einem Kind, das den ernsten Ausdruck eines Erwachsenen hat. Der Gottesdienst geht zu Ende; die Gläubigen kommen aus der Kirche. Da es Sommer ist, sind viele Pilger und Touristen darunter. Nun erscheint ein hochgewachsener Greis, schwarz gekleidet, mit der hohen schwarzen Kopfbedeckung der orthodoxen Mönche auf dem Kopf. Jeder, der will, kann ihm folgen: Touristen und Einheimische bunt durcheinander. Ungefähr fünfzig Personen gehen mit ihm in Richtung der modernen Gebäude durch die Gärten, über die mit schwarzem und weißem Kies bestreuten Wege. An einem Jasminstrauch vorbei steigt man eine hohe Treppe empor. Der Mann läßt alle in einem großen Raum Platz nehmen und setzt sich selber an einen Tisch. Es werden große, von kaltem Wasser beschlagene Gläser hereingetragen, in die ein Löffel mit einem Zuckerteig eingetaucht ist. Man dürfe nicht umrühren, sagt er, man solle zuerst den Teig essen und dann trinken. Darauf spricht er lange, mit sachlicher, ein-

dringlicher Stimme. Er spricht von der Zeit, in der wir leben, von der Zeit der Einheit unter den Menschen.

Alle Völker sind gut, alle Rassen. Alle müssen in der einen großen Menschheitsfamilie ihren Platz finden. Ich gehöre allen Völkern. Die Einheit der Christen muß zum Sauerteig der menschlichen Einheit werden. Der Zusammenschluß der Menschheit ist zugleich der Ausdruck wie auch die Suche nach unserer vollkommenen Einswerdung in Christus, in der wir alle als Glieder miteinander verbunden sind. Ich gehöre allen Kirchen, oder vielmehr, es gibt nur eine Kirche, die Kirche Christi. Eine einzige Theologie, die Botschaft vom auferstandenen Christus, der uns auferweckt und uns die Kraft gibt zu lieben. Bald werden die Menschen auf dem Mond landen – aber kennen sie den Sinn ihres Lebens? Wir Christen dürfen vor nichts Angst haben. Wir haben nichts zu befehlen und nichts anzuordnen; wir müssen jedoch bezeugen, daß das Leben einen Sinn hat, daß es unermeßlich ist, daß es sich auf die Ewigkeit hin öffnet. Wir müssen Zeugnis geben von Gott, daß Gott lebt und daß dieser Unbekannte unser Freund ist.

Sie haben diesen alten Mann gewiß schon erkannt: Es ist der Patriarch Athenagoras I., Erzbischof von Konstantinopel, Ehrenprimas der orthodoxen Kirche.

Patriarch Athenagoras, mit bürgerlichem Namen Aristokles Spyru, wurde am 25. März 1886 – dem Fest der Verkündigung – in Tsaraplana, in der gebirgigen Landschaft des Epirus geboren. Epirus gehörte damals zu jenen Balkanländern, in denen unter der inzwischen milder gewordenen Herrschaft des osmanischen Reiches die Zivilisation eines Vielvölkerstaates blühte. Zur byzantinischen Zeit hatten sich slawische Stämme auf dem Land niedergelassen und waren später hellenisiert worden. Hirten aus der Walachei zogen mit ihren Herden in den Bergen umher. Später hatten die Türken starke Minderheiten gebildet, und viele zum Islam übergetretene Albanesen hatten die Eroberer unterstützt.

Wir lebten wie Orientalen. Das Haus hatte Petroleumlampen zur Beleuchtung. Wir hatten weder Stühle noch Betten, sondern Kissen und Matratzen, die wir abends mit den Decken ausbreiteten und morgens wieder zusammenrollten. Wenn es Abend wurde, setzte sich alles im „Türkensitz" um das Feuer.

Tsaraplana, ein slawischer Ortsname. Nach dem Anschluß des Epirus an Griechenland wurde dieser Name durch einen griechischen ersetzt: Vassilikon. Ein Dorf, in dem etwa 500 Familien lebten, auf einem Hochplateau gelegen, den Winden ausgesetzt und im Winter schneebedeckt.

Mein Vater war Landarzt. Ich glaube, er war ein guter Arzt. Seine Diagnosen waren sehr geschätzt. Er war immer zu Pferde, denn er wurde ringsum in die Dörfer gerufen.

Seine Mutter war die Tochter eines Gerbers, der mit ein paar Lehrlingen Schuhe anfertigte; sie war eine gebildete Frau und hatte eine griechische Privatschule besucht.

Meine Mutter stammte aus Konitsa, einem Marktflecken im Epirus, der bedeutender war als Tsaraplana. Konitsa war ein Städtchen mit 1500 Familien und einer kleinen blühenden Schuhindustrie – diese länglichen und spitz zulaufenden Schuhe, die ich damals selbst trug.

In meiner Jugend unterhielt jede Pfarrei ihre eigene Schule, und die Städte hatten ihre höheren Schulen. Die Oberschule von Jannina, die ich besuchte, bevor ich nach Halki ging, hatte einen sehr guten Ruf. Jannina war ein bedeutendes griechisches Kulturzentrum. Eine schöne, große Stadt mit starker Eigenprägung, mit ihrer Musik, ihren Tänzen und Legenden; eine rein griechische Stadt, in der die türkischen Richter und Verwaltungsbeamten Griechisch lernen mußten, um ihren Dienst versehen zu können.

Auf einer Anhöhe über dem Dorf stand eine Elija-Kapelle, wie man sie oft in der orthodoxen Kirche findet, denn der Prophet Elija hat in den Bergen, die selber wie ein Gebet der Natur sind, gelebt und gebetet. Wenn ich morgens aus dem Haus ging, fiel der erste Blick auf die Kapelle. Man fühlte sich behütet und geborgen.

Die Gegend, in der ich geboren wurde, war schon ein Jahrhundert vor der Eroberung Konstantinopels von den Türken besetzt worden. In Tsaraplana lebten Christen und Moslems. Und alle lebten in gutem Einvernehmen miteinander. Der einzige türkische Polizist – ich erinnere mich noch an seinen Namen: Ali Bey – hatte nichts zu tun. Keine Streitigkeiten, keine Schlägereien oder Prozesse. Christliche und muselmanische Kinder spielten zusammen. Man lud seine muselmanischen Freunde zur Taufe ein, und sie luden uns ein, wenn sie ein Kind beschneiden ließen. Es war ein biblisches Dasein, in dem wir uns alle wie Kinder Abrahams fühlten. Die Moslems aßen Hammel- und Schafsfleisch am Fest des Opfers Ibrahims, das heißt Abrahams; und wir aßen das Osterlamm. Das Fest des hl. Georg war ein hoher Feiertag. Ganz nah beim Haus stand eine Kirche, die dem hl. Georg geweiht war, mit einer alten Ikone des Heiligen. Man stieg auf die Berge, um den Sonnenaufgang zu erwarten, und nach der Liturgie wurde getanzt. Aber es war auch ein Fest für die Moslems. Khidirle, das Fest von Al Khidr, dem ewigen Boten, der sich den Juden unter dem Namen Elija und den Christen unter dem Namen des Vorläufers offenbart hat – wenigstens sagten das die Derwische. Die jungen Leute aber vergnügten sich auf der Schaukel; denn an diesem Tag muß man schaukeln, um das ganze Jahr hindurch Glück zu haben!

Mein Vater war Arzt; seine Verwandten aber hatten Grundbesitz; sie züchteten Schafe, wie früher mein Großvater. Ich schnitt und schnitzte gern Stäbe für die Hirten. – Ich habe keine Fotografie von meiner Mutter. Zu ihren Lebzeiten gab es keine Fotografen in den Dörfern. Dagegen habe ich eine Fotografie von meinem Vater, der länger gelebt hat. Ich habe sie in die kleine tragbare Ikonostase gestellt, von der ich mich auf meinen Reisen niemals trenne.

Unsere Mutter hat in uns Kindern die Keime des Glaubens geweckt. Ihr eigener Glaube war stark, mitreißend. Abends vor dem Einschlafen sang sie uns Kirchenlieder vor. Sie hat uns vom hl. Kosmas erzählt, Kosmas, dem Ätholier, der vor einem Jahrhundert nach Tsaraplana gekommen war.

Mein Vater war gläubig, aber auf eine unauffällige, ziemlich verschlossene Art. Er sprach nicht über diese Dinge; aber vor den Mahlzeiten machte er das Kreuzzeichen. Sonntags ging er zur Kirche. Mit uns war er streng, aber ohne Härte. Er hatte eine Vorliebe für seine Tochter, aber auch uns Knaben schlug er nicht, höchstens mit dem Taschentuch!

Die Spyrus hatten drei Kinder: Aristokles war der Älteste. Dann kam ein Bruder, der zwei Jahre jünger war und 1948 gestorben ist, und eine drei Jahre jüngere Schwester.

Aristokles Spyru besuchte in Tsaraplana jene Schule, die der hl. Kosmas vor einem Jahrhundert gegründet hatte.

Ich hatte eine Lehrerin, die ich sehr schön fand. 1963 habe ich sie wiedergesehen, als ich auf meiner Reise nach Griechenland in mein Dorf zurückkam: eine fast Hundertjährige, abgemagert und blind, aber noch bei voller geistiger Frische. Ich sagte ihr, daß ich sie als Kind schön gefunden hätte. Dieses nachträgliche Geständnis hat sie gerührt!

Nach zwei Schuljahren in Tsaraplana besucht der junge Spyru von 1895 bis 1899 das Scholarchion von Konitsa; aber 1899 wird alles jäh unterbrochen, sein Studium und beinahe sein Leben.

Ich war damals dreizehn Jahre alt. Meine Mutter und ich erkrankten fast zur gleichen Zeit. Ich verlor das Bewußtsein; alles verwirrte sich. Wochen vergingen. Als ich wieder zu mir kam, suchte ich meine Mutter. Sie war nicht da. Mein Vater erklärte mir, daß sie nach Konitsa zu ihrer Familie geschickt worden sei: „Wir konnten nicht zwei Schwerkranke zusammen im Haus haben." Ich wartete auf die Rückkehr meiner Mutter. Ich war noch kaum genesen und sehr schwach. Ich war nur noch Haut und Knochen. Eines Tages im Winter wärmte ich mich im Hof des Hauses an der Sonne. Da kommt ein Mann herein und fragt mich: „Hier wohnt doch Matthäus Spyru, weißt du, der seine Frau verloren hat?" So erfuhr ich vom Tod meiner Mutter. Sie war seit drei Monaten tot; sie war erst 37 Jahre alt. Ich bin nie darüber hinweggekommen; sie fehlt mir immer.

Meine Schwester war zehn Jahre alt, als meine Mutter starb. Da hat sie mit ihrem Starkmut und ihrer guten Gesundheit, die sie während ihres ganzen schweren Lebens behielt, und mit jenem Gottvertrauen, das sie sich stets bewahren sollte, den Haushalt übernommen und die Stelle der Mutter vertreten.

Oft stiegen wir alle drei auf einen hohen Berg und schauten nach Konitsa hinüber, so wie die Moslems sich zum Gebet nach Mekka wenden. Konitsa – die Stadt unserer Mutter.

Erst 1901 nahm Aristokles Spyru seine Studien wieder auf, dieses Mal an der Oberschule von Jannina. Schon im folgenden Jahr entschloß er sich zum Eintritt in die theologische Schule von Halki bei Istanbul. – Der Tod seiner Mutter, die ihm niemand ersetzen konnte, war für ihn ein großer Schmerz. Sie hatte durch ihren Glauben und ihre Unterweisung dem Kind ein Gespür gegeben für jene Liebe, die stärker ist als der Tod.

Im September 1903 wurde Aristokles Spyru auf Empfehlung des Metropoliten von Jannina in die Schule von Halki aufgenommen. Hier absolvierte er die letzten Schulklassen und studierte dann Theologie.

Halki ist eine ganz in der Nähe von Istanbul gelegene Insel. Damals stand sie auf dem Höhepunkt ihrer kosmopolitischen Bedeutung. In Istanbul wohnten nahezu 500 000 Griechen, die Hälfte der Gesamtbevölkerung. Sie hatten im Norden des Goldenen Horns eine neue, rein europäische Stadt geschaffen, wo die Gebildeten französisch sprachen, die Frauen sich nach Pariser und die Männer nach Londoner Mode kleideten, während in den Cafés italienische Musik gespielt wurde. Griechisch waren auch die kleinen Städte, die sich am Ufer des Bosporus nördlich vom Goldenen Horn aneinanderreihen, mit ihren ländlichen Gaststätten, die man in der schönen Jahreszeit aufsucht, um geruhsam den vielbefahrenen Strom zu beobachten, auf dem riesige Schiffe lautlos vorübergleiten.

Ja, hier habe ich angefangen, Dostojewski zu lesen. Das ist eine der Lektüren, die mich am meisten geprägt hat. Welch ungeheurer Geist! Und wie er es verstand, in dem Atheisten, der sich als Übermensch gebärdet, den Verlorenen Sohn zu sehen, den todverfallenen Kranken, den Christus aufsucht, um ihn aus der Hölle zu befreien, in die er sich selber eingeschlossen hat! Und Christus bringt ihm die wahre Freiheit und verlangt als Gegengabe nichts anderes als Liebe.

Ich hatte mir auch eine ganze Bibliothek von französischen Büchern angeschafft, denn ich hatte schon in meiner Schulzeit in Konitsa Französisch gelernt. Es war eine billige Sammlung; sie hieß „Bibliothèque nationale“. Jeder Band kostete nur einen Piaster. Ich besaß hundert Bände. Ich liebte besonders Victor Hugo und unter seinen Werken vor allem „Les Misérables“. Das Buch gibt einen Einblick in das Schicksal eines wahren Bischofs, eines Mannes, der weiß, daß Gebet und Liebe Verpflichtungen auferlegen.

Von der großen Tradition der ungeteilten Kirche, von der Tradition der Kirchenväter haben wir in Halki kaum etwas gelernt. Darum habe ich in den letzten Jahren ein Institut für patristische Studien in Saloniki gegründet. Uns lehrte man eine abstrakte und polemische Theologie. Freilich gab es das unerschöpfliche Evangelium. Damals habe ich mir angewöhnt, jeden Tag ein Kapitel aus dem Evangelium zu lesen. Und ich hatte Glück: Unser Professor für die Exegese des Neuen Testaments, Vassilios Antoniadis, verstand es, uns das Evangelium nahezubringen.

Meine Anhänglichkeit an Halki rührt daher, daß ich dort sieben Jahre verbracht habe. Wenn ich dorthin gehe, um mich zu entspannen, dann weniger als Patriarch, vielmehr als ein ehemaliger Student. Ich bin sozusagen ein Mönch von Halki.

Der Kaffee dort schmeckte schauderhaft! Als ich die Schule

verließ, war mir der Kaffee endgültig verleidet. Seit einiger Zeit trinke ich ihn wieder, aber als Medizin auf Anordnung des Arztes!

Sein Vater starb 1908 im Alter von 50 Jahren. Er starb plötzlich, wohl an einem Herzversagen. Er kam gerade von einer seiner Visiten zu Pferde zurück; er fühlte sich schlecht, stieg ab und setzte sich auf einen Meilenstein am Straßenrand. Dann glitt er zu Boden; man hat ihn tot aufgefunden.

Aristokles Spyru faßte den Entschluß, Mönch zu werden. Nicht in einem Kloster, sondern im Dienst an den Menschen, wie sein Vater. Mönch und Diakon, das heißt Diener. – Nach Beendigung seiner Studien legte er im März 1910 die Mönchsprofeß ab und empfing die Diakonatsweihe. Als Mönchsnamen wählte er sich Athenagoras. Warum Athenagoras?

Ich bewunderte sehr den Erzdiakon des Phanar, der Athenagoras hieß. Ich interessierte mich auch für den Apologeten dieses Namens, einen der großen Zeugen der Urkirche im zweiten Jahrhundert, der nachzuweisen suchte, daß das Ewige Wort in der Weisheit der Antike und sogar in der dichterischen Inspiration gegenwärtig war. Weil ich meinen Taufnamen nicht beibehalten konnte, habe ich also den Namen Athenagoras gewählt. Den Erzdiakon hatte ich durch gemeinsame Freunde kennengelernt. Er hatte mich liebgewonnen und war mein geistlicher Führer geworden. Er war überzeugt, daß man ihn sehr bald zum Metropoliten ernennen würde, und hatte mir versprochen, daß er mir die Aufgaben seines Sekretariats anvertrauen würde. Als aber nichts geschah und die Zeit verstrich, nahm ich das Angebot an, dem Bischof von Monastir zu helfen. – Der Erzdiakon ist wirklich Metropolit geworden, aber erst dreizehn Jahre nach mir!

Mein neuer Name hatte einen Nachteil: Er steht nicht im Heiligenkalender. Der Apologet war ein zu großer Freund der Dichter, als daß er ein scharfsinniger Theologe hätte bleiben können, und so ist er nicht heiliggesprochen worden. Ich entdeckte, daß ich keinen Namenstag hatte. Allerdings fand der Erzdiakon, als er Metropolit geworden war, endlich einen hl. Athenagoras im Verzeichnis einer alten orientalischen Kirche – ich glaube, der armenischen Kirche. Sofort nahm er dessen Fest in den orthodoxen Kalender auf. Ich habe seinen Tod abgewartet; und dann habe ich diese Neuerung unauffällig wieder abgeschafft. Ich habe keinen Namenstag!

Im Juli 1910 tritt der junge Diakon Athenagoras in den Dienst des Bischofs von Monastir, des Metropoliten Stephanos. Dieser überträgt ihm die Sorge für die Schulen der Region, jene Schulen, die das sprachliche und kulturelle Erbe der Orthodoxen bewahrt hatten. Athenagoras geht mit Feuereifer ans Werk. In Monastir verkörpert er die Tradition der gebildeten und pädagogischen Mönche, den echten christlichen Sokratismus, eine der Lebensadern der griechischen Kirche. Die Tradition von Kosmas, dem Ätholier, der damals gerade heiliggesprochen wurde.

Gleichzeitig mit dem Auftrag zur Organisation und Betreuung des Unterrichtswesens erhielt er den Titel eines Erzdiakons. Nach dem Tod von Stephanos im Jahre 1912 stellt ihn der neue Bischof Chrysostomus Kavouridis an die Spitze seiner Kanzlei. Athenagoras ist erst 26 Jahre alt, genießt aber aufgrund seiner Bildung und Leistung großes Ansehen. Schon jetzt erweist er sich als ein zielstrebiger Arbeiter, der sich um die Einzelheiten kümmert und daneben noch Zeit zu ausgiebiger Lektüre findet, vor allem nachts; denn es gibt nichts, was ihn nicht interessiert. Von nun an steht er in täglichem Kontakt mit dem Volk, und dieser Kontakt reißt zeitlebens nie mehr ab: Jeden Morgen stand seine

Tür allen offen. „Ich bin ein alter Bürokrat", pflegte er zu sagen, „ich habe mein ganzes Leben im Dienst der Menschen verbracht, und ich kenne sie."

Im Herbst 1916, als Monastir unter dem Beschuß der Alliierten liegt, und 1918, als eine Typhusepidemie in dem Dorf wütet, läßt der junge Diakon, ungeachtet der Gefahr, die Leidenden nicht im Stich. Er geht von Haus zu Haus, pflegt, hilft und tröstet. Ihn treibt keinerlei nationale Leidenschaft in diesem Drama, wo die Armeen Europas nacheinander durch das kleine mazedonische Dorf ziehen. Er hat keine Angst. Er ist der Lage gewachsen. Trotzdem träumt dieser überzeugte Weltbürger nicht von einer wirklichkeitsfremden Vereinigung der „Internationalen". Jedes einzelne Volk interessiert ihn.

In Monastir habe ich die Slawen gut kennengelernt. Ich habe auch die Deutschen und Österreicher beobachtet. Zwei Jahre habe ich mit den Franzosen gelebt. Alle Völker sind gut. Jedes Volk verdient Achtung und Bewunderung. Ich habe die Menschen leiden sehen. Alle brauchen Liebe. Wenn sie schlecht sind, so kommt das vielleicht daher, weil sie niemals wahrer Liebe begegnet sind, einer Liebe, die es nicht bei Worten bewenden läßt, sondern die Licht und Leben ausstrahlt. Ich weiß auch, daß es dunkle, dämonische Kräfte gibt, die sich gelegentlich der Menschen oder ganzer Völker bemächtigen. Aber die Liebe Christi ist stärker als die Hölle. In seiner Liebe finden wir den Mut, die Menschen zu lieben. Wir entdecken, daß wir alle Menschen und alle Völker nötig haben, um selber existieren zu können.

1918 ist er 32 Jahre alt. Er weiß viel vom Menschen. In den französischen Lazaretten hörte er die Verwundeten einen Pariser Schlager singen, der damals in Mode war. Er erinnert sich nicht mehr genau an die Worte. Es war ungefähr wie: „Was ist das Leben? Ein wenig Freud', ein wenig Leid, ein wenig Liebe, ein wenig Glück oder Pech..." Er zitiert dieses Lied oft, übrigens ohne Wehmut, eher mit Zärtlichkeit. Er verbessert, er dichtet hinzu: „...viel Liebe, viel Geduld."

Als Athenagoras im Herbst 1918 auf dem Athos ankam, lebten dort 7000 Mönche dank des starken Zustroms der Russen, der gerade erst anfing, durch den Krieg und die Revolution zu versiegen. Unter den russischen Mönchen befand sich einer der größten Mystiker des 20. Jahrhunderts, der Staretz Siluan. Dieser Mann, der nie etwas anderes als den Athos und einen Winkel der russischen Provinz gesehen hatte, trug die ganze Menschheit in seinem Gebet, vor allem die Völkermengen Asiens. Für ihn war der große Beweis für das tiefere Einswerden mit dem Heiligen Geist nichts anderes als die Fähigkeit zur Feindesliebe, wie sie das Evangelium fordert.

Athenagoras I. hat sechs Monate auf dem Athos verbracht, vom Oktober 1918 bis März 1919 – als Diakon. Er kam 1930 als Bischof anläßlich einer panorthodoxen Konferenz im Kloster Vatopedi wieder. Im Jahre 1963 besuchte er als Patriarch diesen Ort, um die Tausendjahrfeier des athonitischen Mönchtums, die Gründung der Großen Laura im Jahre 963, feierlich zu begehen. Diese Feier, die eine großartige Kundgebung der orthodoxen Einheit und ebenso der freundschaftlichen Verbundenheit mit den Kontemplativen des christlichen Westens war, hatte er selbst geplant und organisatorisch in die Wege geleitet.

Der Athos ist heiliger Boden. Ich fühle mich ein wenig als Mönch vom Athos.

Im März 1919 wird der Erzdiakon Athenagoras zum Ersten Se-

kretär der Heiligen Synode ernannt, die unter dem Vorsitz des Erzbischofs von Athen und Primas von Griechenland die Kirche dieses Landes leitet. Athenagoras wohnt im Kloster Petraki. Niemals hat er seinen kirchlichen Dienst von dem Grundrhythmus des monastischen Lebens getrennt.

Am 30. August 1930 ernennen Photius II. und seine Synode den Metropoliten Athenagoras zum Erzbischof von Amerika. Am 24. Februar 1931 kommt er in New York an.

Als griechischer Erzbischof von Nord- und Südamerika hat Athenagoras die beiden Präsidenten, die während seines Aufenthaltes in den Vereinigten Staaten nacheinander im Amt waren, persönlich gekannt: Franklin D. Roosevelt und Harry S. Truman. Als er Roosevelt seinen ersten Besuch abstattete, schrieb man das Frühjahr 1931. Roosevelt war damals Gouverneur des Staates New York, wo der Erzbischof seinen Sitz hatte. Erst achtzehn Monate später sollte er zum Präsidenten gewählt werden.

Als ich mich verabschiedete, versuchte Roosevelt, seine Hand zu heben, was ihm aber wegen seiner Lähmung nicht gelang. Da bin ich auf ihn zugegangen und habe ihn auf die Stirn geküßt. Plötzlich drangen diese Worte zu mir: „Wenn ich Sie das nächste Mal wiedersehe, wird es im Weißen Haus sein.“ Diese Vorhersage hat sich erfüllt. Das Weiße Haus stand mir jederzeit offen, und ich bin sehr oft mit dem Präsidenten zusammengekommen. „Ihr Glaube ist Ihre Kraft“, sagte ich ihm eines Tages. Bei einer unserer Begegnungen konnte ich mich für die russische Kirche einsetzen. Es war 1935, glaube ich, als Litwinow sich zwecks Wiederaufnahme diplomatischer Beziehungen und zu Verhandlungen über ein Handelsabkommen in den Vereinigten Staaten aufhielt. Ich habe Roosevelt gesagt: „Sie sind ein gläubiger Mensch. Sie müssen die Gläubigen verteidigen. Ich flehe Sie an, für das christliche Volk in Rußland Erleichterungen zu verlangen."

Athenagoras hat Harry S. Truman noch besser gekannt. Er hat in ihm „einen großen Staatsmann und einen sehr schlichten, äußerst demütigen Menschen" entdeckt. Als Vizepräsident stand Truman völlig im Hintergrund, man nannte ihn einen Krämer, der sich nur deshalb auf die Politik verlegt habe, weil er Bankrott gemacht habe. Der plötzliche Tod von Roosevelt brachte ihn in einem Augenblick, da entscheidende Maßnahmen getroffen werden mußten, an die Macht: Der Krieg mußte beendet werden, die Wirtschaft angekurbelt und die Sozialpolitik des verstorbenen Präsidenten weitergeführt oder in andere Bahnen gelenkt werden. Nach der furchtbaren und zweischneidigen Entscheidung zum Einsatz der Atombombe gegen Japan, womit der Konflikt zu einem möglichst raschen Ende geführt werden sollte, zögerte Truman in der Innenpolitik. Der Krieg hatte die Produktion des Landes verzehnfacht. Warum sollte der Staat eingreifen, wenn der Wohlstand doch alle Probleme löste? Der neue Präsident erkannte, daß die wirtschaftlichen Mechanismen blind sind und daß die „Schlupfwinkel des Elends" ohne soziale Gesetzgebung weiterbestehen würden. Er nahm die Hauptanliegen Roosevelts in einem neuen Plan für soziale Gerechtigkeit, dem Fair Deal, wieder auf. Athenagoras begrüßte den Fair Deal ebenso, wie er dem Rooseveltschen New Deal zugestimmt hatte, denn er kannte die Probleme des Subproletariats, das Elend mancher Wohnviertel und gewisser ländlicher Bezirke. Ich habe ihn von den verfallenen Häusern erzählen hören, in denen halbnackte Kinder zwischen Unrat zusammengepfercht sind, den die Müllabfuhr liegen läßt. Als daher Truman für die Präsidentschaftswahl kandidierte, trat der Erzbischof dieses eine Mal aus seiner

Reserve heraus und ergriff eindeutig Partei für ihn. Als er auf den Ökumenischen Stuhl gewählt wurde, brachten die Illustrierten ein Bild des neuen Patriarchen mit einer Zeitschrift in der Hand, auf der zu lesen stand: Trumans Programm.

Die Wahl von Athenagoras I. erfolgte unter außergewöhnlichen Umständen. Im Jahr 1946 war nämlich ein noch junger Mann, Maximos, zum Ökumenischen Patriarchen gewählt worden. Er war erst 52 Jahre alt, und man rechnete mit einer langen Regierungszeit. Aber bald darauf befiel ihn eine Geisteskrankheit – eine Art Angst vor dem Sakralen – und zwang ihn zur Abdankung. Danach wurde Athenagoras am 1. November 1948 gewählt. Er besucht seinen bedauernswerten Vorgänger regelmäßig.

Wenn ich zu ihm gehe, lege ich absichtlich alle Abzeichen meines Amtes ab, um ihm jegliche Bitterkeit zu ersparen.

Ich habe den Patriarchen gesehen, als er von solch einem Besuch zurückkam. Er war traurig und blieb lange schweigsam. Dann erklärte er mir, welch ein bedeutender Mensch Maximos sei und daß er um so schmerzlicher litte, da er seine Krisen bei vollem Bewußtsein erlebte. Ich deutete an, daß dem jetzigen Patriarchen seine Rolle offensichtlich von der Vorsehung bestimmt gewesen sei und daß er sie nicht ohne die Geisteskrankheit von Maximos hätte spielen können. Er brachte mich mit einer Geste zum Schweigen. „Wer weiß?" sagte er, „wer weiß?"

Athenagoras I. kam am 26. Januar 1949 an Bord des Privatflugzeugs von Präsident Truman in Istanbul an. Am folgenden Tag wurde er inthronisiert. Da der neue Patriarch auf türkischem Boden geboren war, wurde er als türkischer Staatsbürger anerkannt und von der Presse freundlich aufgenommen.

Wie gut ging es uns damals! Die Beziehungen zwischen den Türken und den Minderheiten hatten sich ausgezeichnet entwickelt. Auf der Straße küßten die Türken mir die Hand und nannten mich „Vater"... Zum ersten Mal stattete ein Ministerpräsident dem Patriarchen einen Besuch ab. Ich besuchte unsere Schulen und nahm die Mahlzeiten mit unseren Schülern ein. Zu Anfang hatte man mir einige Schwierigkeiten wegen dieser Besuche gemacht. Darauf habe ich gebeten, die türkischen Schulen besuchen zu dürfen, was man mir gern gestattete und was mich sehr interessierte. Und von dort aus begab ich mich in eine unserer Schulen...

„Istanbul ist der Schnittpunkt der Welt", sagt der Patriarch. „Hier begegnen sich Orient und Okzident, Asien und Europa, aber auch der slawische Norden und der afrikanische Süden." Eine königliche Stadt mit der Lage einer Hauptstadt der Welt, denn die Flüsse sind hier Meeresarme, von denen das eine Ufer Asien, das andere Europa gehört. Am Abhang der Hügel ließ Justinian den Tempel der Weisheit erbauen, um Salomo zu überbieten und die Stadt zum Symbol des neuen Jerusalem zu machen. Suleiman ließ eine Moschee errichten, um Justinian zu übertrumpfen, und Achmed umgab die seine mit sechs Minaretten, damit seine Hauptstadt so zu einem neuen Mekka würde. Alle versuchten, einer Vision Gestalt zu geben, der endzeitlichen Vision der Ewigen Stadt, wo „der Ruhm und die Herrlichkeit der Völker" zusammenfließen, wo das Meer nicht mehr ein feindseliges Chaos, sondern ein Strom des Lebens ist. Und was bedeutet der Name Istanbul selbst, den Atatürk ihr offiziell beigelegt hat, wenn nicht „der Stadt entgegen", is tin polin, wie die byzantinischen Bauern den Eroberern sagten; die Stadt, die sich nach der ewigen Vollendung der himmlischen Stadt ausstreckt?

Wir, die Griechisch-Orthodoxen türkischer Staatsangehörigkeit, sind loyale Untertanen, wir verlangen nur den Schutz der Verfassung, aber wir wissen, daß wir hier zu Hause sind. Seit 3000 Jahren.

Damals war ich sogar geneigt zu erklären, die Grenze der Türkei sei auf Korfu und die Grenze Griechenlands auf dem Kaukasus... Zu jener Zeit herrschte nicht nur ein reger Fremdenverkehr zwischen beiden Ländern, sondern auch ein lebhafter Kulturaustausch. Griechische Professoren hielten hier Vorlesungen, griechische Schauspieler gaben Vorstellungen in Istanbul und sogar in Ankara. Aber man hat eine große Gelegenheit versäumt.

Alles ist mit der Krise um Zypern zusammengebrochen. Gegen Ende 1954 bricht mit Unterstützung der griechischen Regierung auf Zypern der offene Terror aus. Am 1. April 1955 versuchen die Griechen der Insel unter Führung des Erzbischofs Makarios, übrigens ohne Erfolg, die „enosis", das heißt den Anschluß an Griechenland zu gewinnen. Die Türkei ist beunruhigt, ebenso um die türkische Minderheit auf der Insel wie um ihre eigene Sicherheit. Für sie ist Rußland der Erbfeind. Aber die extreme Linke scheint in Griechenland und zugleich auf Zypern stark zu sein. Die Anschlußbewegung nun sollte in der türkischen Verteidigungspolitik einen Umschwung bewirken.

Für den Patriarchen ist das die Prüfung des Ijob. Seine Bemühungen um die Verständigung zwischen Griechen und Türken in Istanbul selbst und um eine Annäherung der beiden Länder sind nun zerschlagen. In Griechenland wird er von gewissen Kreisen wegen seiner absoluten Loyalität gegenüber dem türkischen Staat als Verräter am Griechentum bezeichnet. In der Türkei wird er wegen seiner Weigerung, Makarios kirchlicherseits zu verurteilen, von den extremen Nationalisten angeklagt, ein geheimer Anhänger der „enosis" zu sein.

Die Griechen, die für die griechische Staatsangehörigkeit gestimmt hatten, wurden ausgewiesen. Auch viele andere zogen fort, welche die türkische Staatsangehörigkeit hatten. Der Patriarch durchlebt diese Tragödie sehr bewußt in Schmerz und Gelassenheit. Er hofft immer noch. Die Griechen hatten schon zu wiederholten Malen Konstantinopel verlassen. 1510 blieben nur noch 5000 übrig. Dann sind sie zurückgekehrt... Der Patriarch betont bei jeder Gelegenheit die politische Loyalität der Orthodoxen als türkische Staatsbürger. Er hat dem Klerus seines Patriarchats auf der ganzen Welt die politische Tätigkeit untersagt. Aber diese Neutralität – zugleich Demut, Selbstlosigkeit und Offenheit gegenüber allen – trägt ihm jetzt den Unwillen der griechischen Militärregierung ein, die sich des griechischen Diasporaklerus für ihre Zwecke bedienen wollte. Als Antwort auf die kompromißlose Weigerung des Patriarchen hat sie die Jurisdiktion, die Konstantinopel über die Diözesen von Nordgriechenland behalten hatte, aufgehoben.

Vielleicht hat es dieser Schicksalsschläge bedurft, damit der Patriarch zu seinem wahren Selbst finden konnte. Durch tragische geschichtliche Ereignisse entäußert und sogar gelegentlich geschmäht, ist er unwiderruflich zum Weltbürger geworden, zum Diener der orthodoxen Einheit, der christlichen Einheit, der menschlichen Einheit. Trotz aller Widrigkeiten bleibt er in erster Linie der Hirt, der über sein Volk wacht und es stärkt. Wir müssen ihn nun inmitten seines Volkes kennenlernen.

Der Patriarch als Oberhaupt der Kirche von „Konstantinopel – Nova-Roma" ist untrennbar verbunden mit der Heiligen Synode, die aus zwölf Metropoliten besteht. Heute können sie nicht mehr die Gesamtheit der Diözesen vertreten, die unter der Juris-

diktion des Patriarchen stehen, denn sie müssen alle türkische Staatsbürger sein. Seit den großen Umschichtungen in der Bevölkerung sind ihre meisten Sitze Titularbistümer; nur vier von ihnen verwalten wirkliche Metropolen. In der byzantinischen Blütezeit setzte sich die Synode privat aus den Bischöfen zusammen, die sich vorübergehend in der Hauptstadt aufhielten. Seit langem ist sie eine offizielle Einrichtung; man wählt aus den Bischöfen der Türkei hinzu.

Die Patriarchatsverwaltung umfaßt zwei große Abteilungen. Das Große Vikariat befaßt sich mit dem erzbischöflichen Sitz von Istanbul, das Hauptsekretariat mit den Metropolen, das heißt mit den halb autonomen oder autonomen Kirchen, die an allen anderen Orten zum Patriarchat gehören. Dem Generalvikar und dem Chefsekretär, beides Metropoliten, stehen Erzdiakone, Diakone und Laienmitarbeiter zur Seite.

Die Ankunft von Athenagoras I. brachte frischen Wind. Die Synode hatte sich überwiegend mit lokalen Angelegenheiten befaßt. Dagegen hatte der neue Patriarch das Gespür für die Gesamtorthodoxie, für die ökumenischen Bestrebungen und für die großen Bewegungen der Universalgeschichte. Nach etlichen Stürmen gelingt es ihm, sich mit seiner höflichen Zähigkeit Gehör zu verschaffen, da er das Wesentliche vom Unwesentlichen zu unterscheiden weiß, so daß er hier nachgibt, um dort fest zu bleiben. Vor allem aber wirkte er seiner Umgebung entgegen durch seine eigene Ausstrahlung, die nach und nach weltweit geworden ist; besonders seit 1961, das heißt seit seine Politik, die Orthodoxie zusammenzuschließen und den Dialog mit Rom einzuleiten, ihre Früchte zu tragen begann, stand die Synode geschlossen hinter ihm, voller Bewunderung, daß der Patriarch im schwierigsten Augenblick der Geschichte des Landes die Tore zum Weltgeschehen weit aufgestoßen hatte.

Athenagoras I. setzte sich für die Zulassung verhältnismäßig junger Leute zur Heiligen Synode ein, wenn sie Verantwortungsbewußtsein mit gründlicher intellektueller und geistlicher Bildung verbanden. So der Metropolit Meliton von Heliopolis und Theira, der in den letzten Jahren eine hervorragende Rolle bei den ökumenischen Bestrebungen des Patriarchen spielte; so der Metropolit Cyrill von Chaldäa, eines der Mitglieder der Synode, die den Patriarchen im Jahr 1967 auf seiner großen Reise begleiteten; so der Metropolit Chrysostomus von Myra, der damals gerade vierzig Jahre alt war. An der Spitze des Chefsekretariats steht Mgr. Gabriel von Kolonia, einer der ständigen Tischgenossen des Patriarchen, ein Mann, dessen große Güte mich beeindruckt hat. Aber es sind nicht nur Geistliche in der unmittelbaren Umgebung des Patriarchen. Ein bekannter Rechtsanwalt von Istanbul kommt fast jeden Tag zum Mittagessen zu ihm und informiert ihn ständig über das Geschehen in der Stadt. Im ganzen arbeiten etwa sechzig Personen im Phanar, wo der Tag mit der Vesper um 5 Uhr zu Ende ist. Die Kost ist für alle gleich, am Tisch des Patriarchen wie am Tisch des Gärtners.

Darüber hinaus widmet Athenagoras I. seinen Leuten, dem unmittelbaren Kontakt mit ihnen einen beträchtlichen Teil seiner Zeit. Von 10 Uhr vormittags bis zum Mittagessen gegen 13 Uhr kann jeder Beliebige ihn besuchen. Man braucht seinen Namen nur auf einen Zettel zu schreiben, den der Diakon ihm hereinbringt, und zu warten, bis man an die Reihe kommt. Niemand wird abgewiesen. Wenn der Patriarch einen Besucher verabschiedet hat, läutet er, und der nächste wird vorgelassen. Abgesehen von den Sommermonaten, wo auch viele Touristen – oder Pilger – kommen, sind die Besucher fast ausnahmslos Orthodoxe von Istanbul. Und der Patriarch kennt seine „Gemeindemitglieder" und besucht sie oft.

Im Sommer ist der Phanar ein geradezu überwältigender

Treffpunkt, wo sich Kirchen und Nationen zusammenfinden. Der Patriarch empfängt jeden, unterhält sich mit seinen Gästen auf griechisch, französisch oder englisch, Sprachen, die er fließend spricht; aber er kann auch einige freundliche Sätze auf italienisch, deutsch oder spanisch sagen. Es herrscht eine außerordentlich herzliche Atmosphäre: Gläser mit frischem Wasser oder kleine Tassen mit stark duftendem Kaffee werden herumgereicht; man singt gemeinsam das Vaterunser und sogar, wenn Franzosen anwesend sind, die Marseillaise, für die der Patriarch zuweilen eine ökumenische Variante vorschlägt: „Auf, Kinder der Kirche, der Tag der Einheit ist angebrochen!"

„Ich bin Weltbürger", sagt der Patriarch. „Ich bleibe Orientale, aber ich bin ein Weltbürger geworden." Sein Erfahrungshorizont, der vom Epirus bis Mazedonien, vom Balkan bis zu den Vereinigten Staaten, vom „american dream" bis zum kosmopolitischen Erlebnis Jahr für Jahr im Phanar reicht, hat in ihm die Vision einer weltumspannenden Republik geweckt, in der die Christen den Sauerteig bilden würden und in der jeder Mensch und jedes Volk seinen Platz fände: die große Völkerversöhnung in Christus, wie sie Dostojewski am Grab von Puschkin in prophetischer Weise beschrieb.

Die Zeit des Patriarchen ist streng geregelt. Um 8 Uhr die Matutin, zuvor ungefähr eine Stunde Arbeit oder Gebet. Um 8.30 Uhr Frühstück. Bis 10 Uhr empfängt er seine Mitarbeiter, läßt sich berichten und bespricht sich mit ihnen. Von 10 bis 13 Uhr steht seine Tür für jedermann offen. Nach dem Mittagessen, auf das im Sommer die Siesta folgt, arbeitet der Patriarch in seinem Büro. Die gesamte Korrespondenz, auch die Rechnungen, gehen durch seine Hand, denn er ist bestimmend und peinlich genau. Um 5 Uhr nachmittags die Vesper. Dann etwa eine Stunde lang

Unterschriften. Das Abendessen, sehr kurz, mit ein bis zwei Hausgenossen. Abends Lektüre. Der Patriarch liest jetzt nicht mehr gern Bücher, er begnügt sich damit, die durchzublättern, die man ihm zuschickt, um jedoch zu verweilen, wenn er einen bedeutsamen, lebensnahen Gedanken entdeckt. Dagegen interessiert er sich mehr und mehr für Zeitungen, für das Zeitgeschehen in all seinen Formen auf religiösem, politischem und wissenschaftlichem Gebiet, denn er hat immer das Bedürfnis, die Menschen von heute zu verstehen, um ihnen in ihrer eigenen Sprache von der Freude zu sprechen, daß Gott existiert.

Dieses leidenschaftliche Bedürfnis, den Menschen zu kennen, bricht hervor, wenn ihm nach Tisch und am späten Nachmittag die Post gebracht wird. Der Patriarch öffnet sie selbst, und man sieht, daß er es gern tut, während er zugleich seine Unterhaltung mit den Gästen fortsetzt. „Seit 58 Jahren öffne ich die Post mit der gleichen Neugier, aber auch mit der gleichen Freude. Korrespondenz: welch ein wunderbares Wort! All diese Nachrichten sind ein Beweis für die wahre Natur des Menschen, der sich danach sehnt, zu lieben und geliebt zu werden."

Seine Freude, ein Mensch unter Menschen zu sein, wenn er abends langsam durch die Straßen von Istanbul schlendert: Nach getaner Arbeit wird die Menge wieder orientalisch, überläßt sich dem Zeitvertreib, dieser ursprünglichen Kontemplation. „Das erste Recht des Menschen ist die Freude", sagt der Patriarch. „Die Freude ist der Name Gottes."

Er ist sehr groß, dünn, fast mager, mit sehr viel Behendigkeit, etwas Schnelles und Entschiedenes liegt in seinen Gesten, kein verlorener Augenblick, weder nostalgisch noch genießerisch, sondern ganz und gar Energie im patristischen Sinn von Tatkraft und Wachsamkeit. Die sehnige Magerkeit, die gebräunte Haut – wie die Farbe der Gesichter auf den Ikonen –, die außerordentli-

che Jugendlichkeit seines Blickes, dazu der weiße Bart und die weißen Haare, all das bezeugt, daß er die Feuerprobe siegreich bestanden hat. Man braucht nur Fotografien von ihm aus Korfu und Amerika anzuschauen, um diese Läuterung – Vereinheitlichung und Transparenz zugleich – gewissermaßen mit Händen greifen zu können. Wenn er sich entspannt, erscheint zuweilen eine gewisse, von Übermüdung und Leiden oder von einer mehr königlichen als mönchischen Würde herrührende Schwere. Doch beim geringfügigsten Anlaß geht alles in ein Vibrieren über, das ihn ebenso kämpferisch wie wehrlos macht. Und das hohe Alter legt sich dann wie kindliche Schwäche auf seine Schultern. Seine Augen sind tiefschwarz, klein und schelmisch zusammengekniffen, aber meistens ernst, unergründlich, auf die Unendlichkeit gerichtet. Sein Bart ist weniger dicht, als es auf den Fotografien den Anschein hat; es sind eher lange weiße Strähnen, wie bei den Greisen auf den byzantinischen Fresken oder wie bei den Propheten von Moissac. Seine Gesten, seine Art, sich aufzurichten oder sich beim Hinsetzen die Soutane um die Beine zu schlingen, sind echt byzantinischer oder romanischer Stil. Die gerade, feine und regelmäßig geformte Nase mit dem königlichen Beben der Nasenflügel verleiht seinem Gesicht eine klassische, wahrhaft griechische Schönheit. Die hohe Stirn, hinter der sich Gedanken und Gebete bergen, bezeugt die hohe orthodoxe Askese: Sie lockert die Gesichtszüge auf und sammelt sie in dem Blick zwischen dem Himmel der Stirn und der Erde des Mundes, der wiederum durch den weißen Bart erhellt wird.

Als er mir von seiner Reise nach Sofia erzählt, auf der die Menge ihn mit Ehrfurcht und Begeisterung umgeben hat, liegt ihm zunächst daran, Abstand von sich selbst zu nehmen, wie der Apostel: „Ich spreche nicht von mir. Ich selber zähle nichts. Sagen wir: Es war ein Mann, der Athenagoras hieß." Und kurz vor un-

serem Abschied: „Was werden Sie von mir sagen? Wozu? Es war ein Mann mit Namen Athenagoras. Er ist sehr alt geworden. Aus sich selbst hat er nichts getan. Er hat versucht, den Menschen zu lieben. Er selbst war nur ein Sandkorn unter Millionen.“

Im Zeichen der Ökumene

In der christlichen Welt muß überall eine Erneuerung einsetzen. Trotzdem glaube ich, daß die erste, grundlegende Bedingung dafür nur die Einheit der Christen sein kann, die berufen sind, zusammen in die Welt hinauszugehen, um dem Menschen zu dienen. Christus hat gebetet, daß wir eins seien, damit die Welt glaube. Von nun an tritt Vertrauen an die Stelle von Furcht und Verachtung, die so lange zwischen den Kirchen gestanden haben oder vielmehr innerhalb der Kirche Christi, denn es gibt nur eine Kirche. In diesen Sommermonaten besuchen mich Christen aller Konfessionen. Wir unterhalten uns wie Brüder, wir beten zusammen. Die Liebe senkt sich auf das Antlitz der Kirche und verklärt es: Christentum und Kirche fangen an, sich an ihrer gemeinsamen Quelle, dem Evangelium, wieder zu vereinigen.

Die Kirche kann nur dann wirklich Leben ausstrahlen, wenn sie eins wird. Das Problem des Schicksals der Menschheit stellt sich uns in seiner ganzen Schärfe: Wir sind vom seelischen wie vom leiblichen Tod bedroht. Die Welt kann sich den Luxus einer gespaltenen Christenheit nicht mehr leisten. Sie braucht eine Antwort. Diese Antwort kann nur lauten, daß Christus sich in seiner einen, ungeteilten Kirche offenbart. Können wir Christus gegenüber gleichgültig bleiben, der in Millionen von Menschen leidet, die scheinbar tot sind, der in jenen geschmäht wird, die nackt, hungrig und erniedrigt sind? Können wir in dem Ärgernis der getrennten Christenheit verharren, wenn alles – die Einswerdung unseres Planeten, die technische Überlegenheit der Menschheit über die Schöpfung, die Wissenschaft, die in die Geheimnisse der Materie und des Lebens eindringt – dem Menschen das Problem seines Schicksals und den Sinn seines Schicksals vorhält? Wie können wir Zeugnis ablegen, wenn wir gespalten sind? Wie können wir wagen, von Liebe zu sprechen, wenn wir keine Liebe haben? Wir müßten gemeinsam in die Welt hinausziehen, wir, die Oberhäupter der Kirche, als Arme unter den Armen, Pilger werden wie Christus, um zu verkünden, daß Gott existiert, daß der Herr auferstanden ist, daß die Liebe den Haß besiegen kann...

Die Kirche lebt von der Reue und Danksagung. Darauf hat die erste panorthodoxe Konferenz von Rhodos hingewiesen: „Unsere Kirche besteht nicht aus Stein und Mörtel, sondern aus Glaube und Liebe." Wenn man das weiß, entdeckt man seine Verantwortung für alle Menschen, für alle Erdbewohner, die aus demselben Blut stammen. Wenn ich die göttliche Liturgie feiere, besonders an Weihnachten oder Ostern, dann konzelebriere ich in geheimnisvoller Weise nicht nur mit allen Oberhäuptern der Schwesterkirchen, sondern ich bete mit dem Papst, mit den Verantwortlichen aller christlichen Bekenntnisse; ich vereinige mich im Gebet mit allen Christen. Dann kann ich das unblutige Opfer darbringen für „das Wohlergehen der heiligen Kirchen Gottes und für die Einheit aller", für das Heil der Welt, für den ganzen Erdkreis, auf den wir, die Kirche, unaufhörlich das Erbarmen und den Frieden Christi herabrufen müssen.

Ich bin mir bewußt, kein Kirchenmann zu sein, der in einem bestimmten kirchlichen Milieu eingeschlossen ist. Ich liebe die Menschen, ich verfolge den Lauf der Geschichte. Nie zuvor haben die Menschen eine Sinndeutung des Lebens so nötig gehabt wie heute. Alles verändert sich mit wahnwitziger Geschwindigkeit und zwingt den Menschen zu der Frage nach dem Warum.

Der Mensch von heute hat Hunger: In der Dritten Welt hat er Hunger nach Brot, aber überall hat er Hunger nach Liebe und Sinn. Die Welt ist von Vernichtung bedroht; nicht nur durch den Atomkrieg, sondern durch die Sinnlosigkeit, den Überdruß, den Verlust an Hoffnung. Sie findet keine Antwort in der Droge, in der Erotik oder in den politischen Religionen, die dort versagt haben, wo sie zu triumphieren schienen. Es gibt nur eine Antwort, und das ist das Offenbarwerden Christi. Der *eine* Christus in seiner *einen* Kirche. Und dieses Offenbarwerden kann nicht mehr warten. Der Heilige Geist duldet nicht mehr den Luxus der Spaltung unter den Christen, den Luxus von zaghaften oder hochmütigen Berechnungen, von endlosen Diskussionen, in denen sich jeder nach Belieben ergeht. Wir müssen Antwort geben; und wir können nur gemeinsam antworten.

Die Wiedervereinigung wird ein Wunder sein, ein Wunder in der Geschichte. Übrigens leben wir seit Pfingsten am Ende der Zeiten.

Jede Nacht, manchmal um Mitternacht, manchmal um vier Uhr morgens, gehe ich in den Garten hinunter bis zum Kirchenportal. Ich zünde vor der Ikone der Gottesmutter zwei Kerzen an und bete für die Einheit. Wann wird sie zustande kommen? Als Christus über den Zeitpunkt des Weltendes befragt wird, bekennt er seine Unwissenheit als Mensch: Nur der Vater, sagt er, kenne den Tag und die Stunde. So ist es auch mit der Wiedervereinigung. Die Zukunft ist in Gott. Die Ratschlüsse Gottes ruhen in der Ewigkeit. Sie gehen in die Zeit ein, wenn die Zeit reif ist, wenn sie bereit ist. Unsere Aufgabe besteht darin, die Zeit reif werden zu lassen. Ich habe schon viele Wunder erlebt. So vieles ist geschehen, was unmöglich schien!

Die Begegnung in Jerusalem, ein Papst in Konstantinopel, meine Reise nach Rom. Die Einheit wird kommen. Es wird ein Wunder geschehen. Ein neues Wunder in der Geschichte. Wann? Wir können es nicht wissen. Aber wir müssen uns darauf vorbereiten. Denn ein Wunder ist wie Gott – immer ganz nahe.

Wir müssen einen neuen Verhandlungsstil zwischen Okzident und Orient finden. Ich verkenne nicht die Schwierigkeiten. Aber ich versuche, die geistige Atmosphäre zu verändern. Wenn die Liebe wiederhergestellt ist, dann können wir die Probleme in ein ganz anderes Licht rücken. Wir müssen die Wahrheit, die uns teuer ist, weil sie die Unermeßlichkeit des Lebens in Christus hütet und verherrlicht, zum Ausdruck bringen, nicht um den anderen zurückzustoßen und ihn zu zwingen, sich für besiegt zu erklären, sondern um sie mit ihm zu teilen; aber auch um ihrer selbst willen, um ihrer Schönheit willen, wie eine Feier, zu der wir unsere Brüder einladen. Ebenso müssen wir bereit sein zu hören. Für Christen steht die Wahrheit weder dem Leben noch der Liebe entgegen; sie ist Ausdruck von deren Fülle. Die echte Theologie spiegelt eine spirituelle Erfahrung wider. Wir müssen die Worte, die ach so verletzenden Worte, zuerst von ihrer schlimmen Vergangenheit befreien, von all dem politischen, völkischen und kulturellen Haß, der nichts mit Christus zu tun hat. Dann müssen wir sie tief einsenken in das Leben der Kirche, in jene Erfahrung der Auferstehung, zu deren Dienst sie bestellt sind. Die Worte müssen auf der Waage des Lebens, des Todes und der Auferstehung gewogen werden. Und die Erfahrungen, mit denen sie beladen sind, müssen einander gegenübergestellt werden.

Diejenigen, die mir vorwerfen, ich brächte die Orthodoxie

einem blinden Fanatismus von Liebe zum Opfer, haben einen recht kläglichen Begriff von der Wahrheit. Sie machen aus ihr ein System, das sie besitzen und das ihnen Sicherheit gibt, während sie doch, sofern man sich auf das Wagnis eines schöpferischen Lebens einläßt, eine wirkliche Verherrlichung des lebendigen Gottes ist. Gott besitzt man nicht. Er ergreift uns, er erfüllt uns nach dem Maß unserer Demut und Liebe mit seiner Gegenwart. Man kann Gott, der die Liebe ist, nur durch Liebe verherrlichen; man kann nur durch die Hingabe und den Geist der Gemeinschaft und, wenn nötig, durch das Opfer seiner selbst jenen Gott verherrlichen, der sich für unsere Erlösung bis zum Tod geopfert hat, bis zum Tod am Kreuz. Aber ich gehe noch weiter: Diejenigen, die mir vorwerfen, ich gäbe die Wahrheit um der Liebe willen preis, haben kein Vertrauen auf die Wahrheit. Sie sperren sie ein, sie halten sie gefangen wie eine untreue Gattin. Ich aber sage: Wenn die Wahrheit Wahrheit ist, braucht man nicht um sie zu bangen. Verschenken wir sie, teilen wir sie mit, zeigen wir ihre Fülle, nehmen wir alle Erfahrungen unserer Brüder von Leben und Liebe an. Wenn wir in dieser Haltung standhaft sind, wird die Wahrheit sich durchsetzen und aufgrund des gemeinsamen Mysteriums der Kirche Unzulänglichkeiten und Begrenzungen von innen her überwinden. Machen wir unsere Herzen weit, wie der Apostel sagt: „Jeder achte nicht nur auf das eigene Wohl, sondern auch auf das der anderen!" (Phil 2,4) Wir haben ein sicheres Kennzeichen: das Leben in Christus. Fragen wir uns bei einem Ausdruck, der einen Teil der Wahrheit enthält, wie weit er das Leben in Christus wiedergibt, oder wie weit er es im Gegenteil in Gefahr bringt. Setzen wir so unseren Dialog in Liebe fort, um immer klarer die Wahrheit Christi zu bekunden.

Wenn die Orthodoxie wieder aus ihrer großen Tradition schöpft, wird sie der demütige und getreue Zeuge der ungeteilten Kirche sein. Die orthodoxen Kirchen, die sich in gegenseitiger Achtung zusammenschließen, werben in der christlichen Welt für eine Bewegung der Brüderlichkeit und verbreiten das Beispiel und den Begriff einer freien Gemeinschaft von Schwesterkirchen, die durch dieselben Sakramente und denselben Glauben geeint sind. Der orthodoxe Glaube aber, in dessen Mittelpunkt der liturgische Lobpreis und die Heiligkeit stehen, bringt in den ökumenischen Dialog jenes Unterscheidungsmerkmal der spirituellen Erfahrung ein, die ermöglichen soll, die Teilwahrheiten von ihren Begrenzungen zu lösen und sie in einer höheren Fülle zu verbinden. Aber sind wir, die Orthodoxen, der Orthodoxie würdig? Abgesehen von den Bemühungen in den letzten Jahren, was für ein Beispiel haben unsere Kirchen gegeben, die, obgleich sie eins sind im Glauben und im Kelch, einander fremd und manchmal sogar Rivalen geworden sind! Ist unsere große Tradition, die Tradition der Kirchenväter, des Gregorios Palamas, der Philokalie, in uns lebendig und schöpferisch? Wenn wir uns damit begnügen, Formeln nachzusprechen und sie gegen unsere christlichen Brüder auszuspielen, dann wird unser Erbe zu einem toten Erbe werden. Miteinander teilen, Demut und Versöhnungsbereitschaft machen uns zu wahren Orthodoxen, nicht um unseretwillen, denn damit würde sich nur ein geschichtlich entstandenes Religionsbekenntnis mehr behaupten, sondern für die Einheit aller, als selbstlose Zeugen der ungeteilten Kirche.

Im Jahr 1959 habe ich mich auf Pilgerfahrt ins Heilige Land begeben, um die orthodoxen Patriarchen im Vorderen Orient zu besuchen und um am Ursprung der Kirche selbst für die Wiedervereinigung zu beten. Am Heiligen Grab habe ich gefühlt, daß die Trennung der Christen Christus selbst zerriß und auch mich zerriß. In mir spürte ich das Echo des Hohepriesterlichen Gebets, in dem der Herr den Vater bittet, nicht nur seine Jünger in der Einheit zu bewahren, sondern auch all jene, die auf ihr Wort hin an ihn glauben würden. Alles kam uns zu durch die Gnade von Jerusalem, wo Gott sein Blut für uns vergossen hat, wo der Heilige Geist auf die Kirche der Zwölf herabkam, auf die Mutter aller Kirchen... Nach meiner eigenen Pilgerfahrt machte sie der Patriarch Alexis von Moskau; er reiste über Konstantinopel zurück, wo er mit mir die Weihnachtsliturgie feierte. Im gleichen Jahr fuhr auch der damalige Erzbischof von Canterbury, Geoffrey Francis Fisher, ins Heilige Land und besuchte mich auf der Rückreise; danach machte er Johannes XXIII. einen Besuch.

Die Neujahrsbotschaft 1959 von Patriarch Athenagoras an Johannes XXIII. – ein entsprechender Aufruf erging auch an die anderen Oberhäupter der Kirchen – verdient hier angeführt zu werden, denn sie hat wesentlich dazu beigetragen, daß sich alles in Bewegung setzte. Am nächsten Weihnachtsfest konnte der Ökumenische Patriarch schreiben:

„Seit das Patriarchat bereits vor einem Jahr alle Christen der Erde zur Einheit aufgerufen hatte, begannen fortlaufende Kontakte und Besuche zwischen den höchsten Verantwortlichen der Ortskirchen. Diese sowohl direkten wie indirekten Kontakte und Gespräche zeigen, daß die Kirchen sich nunmehr als Schwesterkirchen einander zu nähern beginnen.“

Hier folgen die Grundgedanken des Aufrufs von 1959. Es ist auffallend, wie der Patriarch bei aller Betonung der Notwendigkeit einer engen Zusammenarbeit der geistigen Kräfte im Dienst an der Zivilisation der ganzen Welt, an der unter großen Opfern gearbeitet wird, dennoch hervorhebt, daß das Christentum nicht auf eine Sozialethik eingeengt werden dürfe, sondern daß es vor allem eine heiligende Kraft besitzt. Besondere Aufmerksamkeit verdient der Appell zum Handeln, zum persönlichen Einsatz der Verantwortlichen.

„Das traurige Bild der heutigen Menschheit, die auf vielfache Weise unter dem Mangel gegenseitigen Verstehens und friedlichen Zusammenlebens der Völker leidet, erlegt den Leitern der christlichen Kirchen ganz nachdrücklich die Pflicht auf, der gegenwärtigen Welt gemeinsam klarzumachen, daß die technischen und die wissenschaftlichen Errungenschaften zur Entwicklung einer allmenschlichen Kultur nicht genügen, ohne geistige, religiöse und ethische Fundamente – ohne Christus, der Liebe, Frieden und Gerechtigkeit unter den Menschen will.

Dieser Verantwortung voll und ganz bewußt, erklären wir deshalb, daß wir ohne Vorbehalt bereit sind, außer den ununterbrochenen Gebeten und Bitten der orthodoxen Kirche um den ‚Frieden der ganzen Welt', auch auf mehr praktischen Gebieten unseren positiven Beitrag einzubringen, sowohl innerhalb der weiteren zwischenkirchlichen Organisationen, an denen wir schon durch volle Mitarbeit teilnehmen, wie auch im Rahmen besonderer Kontakte mit der älteren Kirche des Westens, damit wir die ‚Angst unter den Völkern in der Ratlosigkeit... angesichts der Furcht und Erwartung dessen, was über den Erdkreis kommen soll' (Lk 21,25 f.), erleichtern und die Hoffnung der Menschen auf glücklichere Chancen für das Morgen sichern und stützen.

Auch betrachten wir es als ganz zeitgemäß, daß in der gegenwärtigen Stunde der Weltgeschichte, die die Menschheit durchläuft, wir, die wir von Gott zum Werk der ‚Fürsorge und der Betreuung' für die Millionen Gläubigen unserer Kirche berufen sind, uns begegnen in dieser tiefsten, drängenden Not der Völker, damit sie Lösung und Erleichterung in den sie rings umschließenden Problemen finden.

Während wir von solchen Überlegungen und Empfindungen bewegt wurden, erhielten wir mittelbar Kenntnis vom erneuten ‚Aufruf' seitens Seiner Heiligkeit, des Leiters der Kirche von Rom, den wir brüderlich begrüßen. Wir interpretieren ihn als eine klare Einsicht in die Notwendigkeit der Begegnung und Vereinigung der geistigen Kräfte, die die gottgegründete Kirche Christi repräsentiert, freilich nicht im Zustand der Spaltung und Zwietracht, in dem sie sich, unglücklicherweise, seit Jahrhunderten und bis heute befindet, sondern unter der idealen und erwünschten Einheit, die der Herr vor Augen gehabt und ihr geschenkt hat; geschenkt auch als einen Beweis dafür, daß die Botschaft des Weihnachtsfestes kein unzugänglicher Gipfel der Selbstvollendung und Tugend ist, sondern eine Kraft zur ‚Verähnlichung des Sterblichen mit dem Absoluten'.

Darum sind wir der Überzeugung, daß jeder Aufruf zur Einigung auch von jenen unerläßlichen und konkreten Taten und Handlungen begleitet werden muß, die die Übereinstimmung der Absichten mit den Werken erweisen und uns und die Glieder unserer Kirchen dem Herrn wirklich näherbringen, wenigstens, was den jetzigen Augenblick betrifft, auf praktischem Gebiet und im Geist der Gleichheit, Gerechtigkeit, geistlichen Freiheit und gegenseitigen Achtung."[46]

Paul VI. wurde genau in dem Augenblick gewählt, als die Orthodoxie die Tausendjahrfeier des athonitischen Mönchtums beging. Athenagoras I. ließ dem neuen Papst seine Glückwünsche

[46] TA Nr. 5

durch den Metropoliten Maximos von Sardes überbringen. Am 20. September versicherte Paul VI. in einem Brief an Patriarch Athenagoras, welch tiefen Widerhall dessen Wünsche in seinem Herzen gefunden hätten, und griff dabei auf ein paulinisches Wort zurück, das dem Patriarchen besonders teuer ist:

„Vertrauen wir die Vergangenheit dem Erbarmen Gottes an und hören wir auf den Rat des Apostels: ‚Ich vergesse, was hinter mir liegt, und strecke mich ganz nach dem aus, was vor mir liegt, um es zu ergreifen zu suchen, wie ich von ihm ergriffen worden bin' (Phil 3,13.12). Wir sind von ihm ergriffen worden durch die Gabe der Frohbotschaft vom Heil, durch die Gabe derselben Taufe, desselben Priestertums, das die gleiche Eucharistie feiert, das einzige Opfer des einzigen Herrn der Kirche."[47]

In seinem Antwortbrief vom 22. November 1963 schrieb Patriarch Athenagoras an Paul VI.:

„Wir, die wir auch vom Herrn gelehrt wurden, Vertrautheit miteinander zu haben, wie es den Mitgliedern seines heiligen Leibes, der die Kirche ist, geziemt, wie auch aufgrund der Beziehungen zwischen den Mitgliedern, die einen Herrn und Erlöser haben, dessen Gnade wir bei den Sakramenten teilhaftig werden, meinen, daß wir einander nichts Wertvolleres anbieten können als das Angebot der Gemeinschaft der Liebe, die nach dem Apostel, ‚alles erträgt, alles glaubt, alles hofft, alles duldet' (1 Kor 13,7). Diese Gemeinschaft war früher stark durch Bande des Friedens zwischen unseren heiligen Kirchen und wird jetzt wieder erneuert durch die Gnade des Herrn, ‚zum Lob seiner Glorie' (Eph 1,12–14).

Als Diener Christi und Verwalter der Mysterien Gottes in

[47] TA Nr. 33

den Kirchen der Heiligen (1 Kor 4,1 und 14,33) sollen wir von der hohen Warte der Liebe mit reuigem Herzen und mit einfachem Auge wieder zum Willen des Herrn aufblicken, uns selbst, gemeinsam und unser ganzes Leben in seinen Dienst stellen, damit wir Gnade finden und das Reich Gottes auf Erden komme.“[48]

Ein schöner, von liturgischem Lobpreis beseelter Text, angefangen mit den paulinischen Doxologien bis zur Schlußformel der Friedensbitten des Diakons im byzantinischen Ritus: „Laßt uns selbst und einander und unser ganzes Leben empfehlen Christus, unserem Gott.“

Das Sakrament der Eucharistie enthält zwei Gesichtspunkte: Die Gabe Gottes und die dankbare Annahme der Menschen. Eben diese Dankbarkeit wird mit dem griechischen Wort Eucharistie bezeichnet. (Im modernen Griechisch heißt eucharisto: Danke!) Man könnte den Schritt des Patriarchen in diesem bestimmten und klar abgegrenzten Sinne eucharistisch nennen. Es geht darum, die Christen und zunächst die Verantwortlichen der beiden großen Kirchen, die in ein und derselben sakramentellen Fülle verwurzelt sind, in einer gemeinsamen „eucharistischen“ Haltung dahin zu führen, einander jenes Geschenk der „Einheit in der Liebe“ anzubieten, das ihnen eines Tages ermöglichen wird, zusammen die Gabe Gottes zu empfangen. Dies erfüllt sich dann, wenn die Liebe, indem sie den eigentlichen theologischen Dialog befruchtet, eine gemeinsame „verstandesmäßige Eucharistie“ bewirkt hat, so wie das Glaubensbekenntnis unmittelbar nach dem Friedenskuß gesungen wird...

Nach Jahrhunderten des Schweigens oder der Polemik knüpfte diese Antwort wieder an die Tradition des brüderlichen Briefwechsels zwischen den kirchlichen Oberhäuptern an. Es ist

[48] TA Nr. 35

bezeichnend, daß die Korrespondenz zwischen dem Papst und dem Ökumenischen Patriarchen in dem offiziellen Organ des Patriarchats „Apostolos Andreas“ unter dem Titel „Die beiden Schwestern“ veröffentlicht worden ist.

Am 4. Dezember 1963, am Ende der zweiten Sitzungsperiode des Zweiten Vatikanischen Konzils gab es eine Sensation: Der Papst kündigt dem Konzil seine bevorstehende Pilgerfahrt ins Heilige Land an.

Ich selbst war von dieser Nachricht überwältigt. So würde also ein römischer Papst Rom verlassen! Und das, um sich demütig auf Pilgerfahrt nach Jerusalem zu begeben, dorthin, wo die Erde vom Blut Christi geheiligt ist, wo der Heilige Geist auf die Urkirche herabkam; dort, wo man zwischen dem leeren Grab und der Stätte der Himmelfahrt Christi die Macht der Auferstehung so stark verspürt, daß das irdische Jerusalem zum Symbol des neuen Jerusalem wird, das wir erwarten. – Jerusalem, Mutter der Kirchen...

In die Fußstapfen Christi treten, sich mit dem ganzen Sein in Christi Leiden, das heißt in seine Liebe versenken, sich ihm in Reue und Dank zu Füßen werfen: So hat ganz gewiß auch Paul VI. diese Pilgerreise gesehen. Meine tiefe Ergriffenheit an jenem 4. Dezember 1963 war verständlich. Die katholische Kirche, die sich wieder Jerusalem zuwendet, entdeckt nicht nur, daß sie auf Pilgerschaft ist, sondern geht wieder gänzlich ein in das Geheimnis Christi. Alles gerät in Bewegung. Es weht ein großer Atem der Freiheit. Der Papst steht nicht mehr allein; er wird Weggefährten finden.

Zwei Tage später habe ich dann anläßlich der Reise Pauls VI. allen Oberhäuptern der orientalischen und der westlichen Kirchen eine Zusammenkunft in der heiligen Stadt Sion vorgeschlagen. Das war in der Nikolauskirche, in die ich am Fest des Heiligen gegangen war. Da habe ich dem Volk die Pilgerreise des Papstes angekündigt. Ich habe gesagt, es sei ein Entschluß, den Gott ihm eingegeben habe. Und ich habe angeregt, daß alle Verantwortlichen der christlichen Kirchen sich zu dieser Gelegenheit nach Jerusalem begeben sollten, nicht um zu diskutieren, sondern um zu beten, „um auf Golgota, das vom heiligen Blut Christi getränkt ist, und vor dem Grab dessen, der die Quelle der Versöhnung und der Buße ist, in gemeinsamem und inständigem Gebet auf den Knien, unter Tränen und im Geist der Eintracht zu erflehen, daß sich zur Verherrlichung des heiligen Namens Christi und zum Wohl der ganzen Menschheit der Weg zur vollen Wiedervereinigung aller Christen öffne, wie es der heilige Wille des Herrn ist“.

Vielleicht hätte ein Wunder geschehen können. Man muß immer mit einem Wunder rechnen. Aber nach mehreren Telegrammen aus dem Vatikan stellte es sich sehr schnell heraus, daß ein solcher Plan im Augenblick undurchführbar war.

Zehn Metropoliten und Erzbischöfe begleiten den Patriarchen auf seiner Reise nach Jerusalem: vier Metropoliten seiner Synode, die Metropoliten von Kreta und Rhodos (die nachträglich an Griechenland politisch angeschlossen wurden und deshalb unter der Jurisdiktion von Konstantinopel geblieben sind) und die drei Exarchen der griechischen Kirche von Amerika, Großbritannien und Australien; denn es besteht eine enge Verbindung zwischen dem Primas und seinem Episkopat.

Am Sonntagabend, dem 5. Januar, empfängt der Papst den

Patriarchen in der Apostolischen Delegatur. Auf der Schwelle umarmen sich die beiden Männer.

Wir haben uns einmal, zweimal umarmt, und immer und immer wieder. Wie zwei Brüder, die sich nach einer sehr langen Trennung wiederfinden.

Darauf folgt ein kurzes Zwiegespräch, für das zehn Minuten vorgesehen sind, das aber eine halbe Stunde dauert. Dann werden die beiden Delegationen vorgelassen. Man liest auf griechisch und lateinisch das 17. Kapitel des Johannes-Evangeliums und betet zusammen das Vaterunser. Der Papst überreicht dem Patriarchen einen Kelch. Der Patriarch hält eine kurze Ansprache:

„Da wir uns durch die Gnade Gottes in diesem Heiligen Land, wo Jesus selbst gegangen ist, befinden, preisen wir in Demut den dreifaltigen Gott, der uns aus dem Westen und Osten zusammengeführt und uns zu gemeinsamer Begegnung in seinem heiligen Namen gerufen hat.

(...) Wir wünschen von ganzem Herzen, daß die in den letzten Jahren von beiden Seiten reichlich zum Ausdruck gebrachten und immer wieder bekundeten guten Absichten, wie auch diese gesegnete Begegnung von Personen und die Umarmung der Seelen, der Anfang eines gegenseitigen Schenkens und einer vollkommeneren Unterwerfung unter den heiligen Willen Gottes und Erfüllung der großen Erwartung der vergangenen Jahrhunderte und des Anliegens unserer Epoche werde.

Die christliche Welt lebt seit Jahrhunderten in der Nacht der Trennung. Ihre Augen sind es müde, in die Finsternis zu schauen. Möge unsere Begegnung das Morgenrot eines strahlenden und heiligen Tages werden, an dem die kommenden christlichen Generationen vom selben Kelch den kostbaren Leib und das kostbare Blut des Herrn empfangen und in Liebe, in Friede und Einheit den einen Herrn, den Erlöser aller loben und preisen werden.

(...) Siehe, indem wir einander wiedergefunden haben, begegnen wir gemeinsam dem Herrn. Laßt uns diesem geheiligten Weg weiter folgen; jener, der so nahe gekommen ist, wird uns begleiten, wie einst die zwei Jünger auf dem Wege nach Emmaus. Er wird uns den Weg zeigen, dem wir folgen werden, und *er* wird uns schneller bewegen auf das ersehnte Ziel hin."[49]

Am Montag, dem 6. Januar 1964, dem Fest der Erscheinung des Herrn, erwidert Paul VI. nach seiner Rückkehr aus Bethlehem den Besuch des Patriarchen: Geste der Gegenseitigkeit, die das traditionelle römische Protokoll durchbricht. Es ist kurz vor zehn Uhr im orthodoxen Patriarchat von Jerusalem auf dem Ölberg. Ein klarer Wintertag im Pinien- und Palmengarten. Der Papst antwortet auf die Ansprache des Patriarchen Athenagoras I. vom Tag zuvor:

„(...) Bei den Christen besteht von alters her die Auffassung, als ‚Zentrum der Welt' habe jener Ort zu gelten, wo das glorreiche Kreuz unseres Erlösers aufgerichtet worden ist und wo er selbst, von der Erde erhöht, alles an sich zieht (Joh 12,32). Es war deshalb angemessen – und nach dem Ratschluß der göttlichen Vorsehung geschah es denn auch so –, daß wir als fromme Pilger aus Rom und Konstantinopel uns an diesem Ort, in diesem für immer geheiligten und verehrungswürdigen Mittelpunkt der Welt begegnen und unsere Gebete vereinen.

(...) Die Wege, die zur Einheit führen, werden zwar auf beiden Seiten lang sein und können durch viele Schwierigkeiten behindert werden. Aber beide Wege laufen aufeinander zu und treffen

[49] TA Nr. 48

sich an den Quellen des Evangeliums. Ist übrigens unsere heutige Begegnung in dem Land, in dem Christus seine Kirche gegründet und für sie sein Blut vergossen hat, nicht ein verheißungsvolles und glückliches Omen? Dieses Ereignis ist auf alle Fälle ein beredtes Zeugnis für den Willen, der mit Gottes Hilfe mehr und mehr Christen, die dieses Namens würdig sind, bewegt, nämlich für den Willen, energisch dahin zu wirken, daß Spaltungen überwunden und im Wege stehende Hindernisse beseitigt werden, das heißt für den Willen, den beschrittenen Weg, der zu einmütiger Versöhnung führt, beständig weiterzugehen.

Die Divergenzen in Lehre, Liturgie und Kirchenordnung werden zu gegebener Zeit und am gegebenen Ort zu prüfen sein, und zwar in einem Geist, der die Rechte der Wahrheit getreu wahrt und ohne Verletzung der Liebe die Dinge richtig einschätzt. Was aber jetzt schon erreicht werden kann und muß, ist das Hineinwachsen in jene brüderliche Liebe, die eifrig nach neuen Wegen zum Handeln sucht. In jene Liebe also, die jemanden, durch die Erfahrung in der Vergangenheit belehrt, antreibt zu verzeihen; in jene Liebe, die ihn anhält, in den anderen eher das Gute als das Schlechte zu sehen, und deretwegen er nichts mehr wünscht, als den Spuren des göttlichen Erlösers zu folgen, damit er von ihm angezogen und verwandelt werde.“[50]

Der Papst schloß nicht mit einem „Lebewohl“, sondern mit einem „Auf Wiedersehen“ in der Hoffnung auf wiederholte und fruchtbare Begegnungen „in nomine Domini“. – Der Patriarch überreicht dem Papst ein bischöfliches Enkolpion, das heißt ein Brustmedaillon mit dem Bild der „allheiligen“ Gottesmutter, Panhagia. Paul VI. legt es sich mit Hilfe Athenagoras' I. um den Hals. Da rufen einige orthodoxe Mitglieder des Gefolges wie bei einer Priester- oder Bischofsweihe: Axios! Axios! – Er ist wür-

---

[50] TA Nr. 49

dig! Er ist würdig! – die traditionelle Formel bei einer Wahl durch das Volk Gottes.

Dieses Mal lesen die beiden Kirchenoberhäupter selbst das Hohepriesterliche Gebet, abwechselnd einen Vers auf griechisch und einen Vers auf lateinisch.

– Ich bitte nicht, daß du sie aus der Welt nimmst, sondern daß du sie vor dem Bösen bewahrst...
– Heilige sie durch die Wahrheit; dein Wort ist Wahrheit.
– Aber ich bitte nicht nur für sie, sondern auch für alle, die durch ihr Wort an mich glauben werden.
– Damit alle eins seien, wie du, Vater, in mir bist und ich in dir bin, so sollen auch sie in uns eins sein, damit die Welt glaube, daß du mich gesandt hast...

Am Ende des Vaterunsers halten die Orthodoxen inne und warten auf das Amen, wie es im lateinischen Ritus üblich ist. Aber Paul VI. und die Katholiken sprechen den Schlußsatz nach orthodoxem Brauch: „Denn dein ist das Reich und die Kraft und die Herrlichkeit, Vater, Sohn und Heiliger Geist, jetzt und in Ewigkeit. Amen“, Anrufung der Dreieinigkeit, die im Glanz ihrer Allmacht herrscht. – Am Schluß erteilen Paul VI. und Athenagoras I. gemeinsam den Segen und geben einander noch einmal den Friedenskuß.

Am selben Tag trafen sich die beiden Männer nochmals unvorhergesehen in den Straßen von Jerusalem und konnten sich etwa zehn Minuten unterhalten.

In einem gemeinsamen Kommuniqué des Papstes und des Patriarchen, das nach den Begegnungen veröffentlicht wurde, heißt es:

„(...) Die Augen gerichtet auf Christus, mit dem Vater Urbild und Urheber der Einheit und des Friedens, bitten die beiden Pilger Gott, daß diese Begegnung Zeichen und Vorspiel für künftige Dinge sei, zur Ehre Gottes und zur Erleuchtung seines gläubigen Volkes.

(...) auf daß vor den Augen aller Christen die Wahrheit von der einen Kirche Christi und seinem Evangelium, dem Licht und dem Heil der Welt, immer mehr aufleuchtet.“[51]

Nach so vielen Jahrhunderten waren wir Seite an Seite, mit Tränen in den Augen, allein vor demselben Gott, demselben Christus, derselben Jungfrau Maria, denselben Märtyrern, in einem gegenseitigen, unerklärlichen Vertrauen. Es war die Begegnung von zwei Brüdern.

Alles ist das Werk Gottes. „Die Liebe Christi drängt uns“, sagt der hl. Paulus (vgl. 2 Kor 5,14), und dieses Drängen bringt uns einander näher. Vor allem dann, wenn wir diese Liebe im Blick auf das Geheimnis der Kirche und insbesondere auf das der Eucharistie leben.

„Der nächste Schritt liegt in den Händen Gottes“, hatte der Patriarch nach seiner Rückkehr von Jerusalem gesagt. – Dieses Wirken Gottes wurde sichtbar in zahllosen Begegnungen, in der gegenseitigen Aufhebung der Bannsprüche; es ist die Triebfeder der großen ökumenischen Bewegung unserer Zeit.

„Erbauen wir den Leib Christi, indem wir das Getrennte miteinander verbinden und die Zerstreuten zusammenführen. Die Getrennten miteinander verbinden mit wechselseitigen kirchlichen Akten, wo es möglich ist, indem wir die Gemeinsamkeiten

---

[51] TA Nr. 50

des Glaubens (...) bestätigen, indem wir den theologischen Dialog zum Prinzip der vollen Gemeinschaft in den fundamentalen Punkten des Glaubens (...) lenken. Indem wir dies tun, beabsichtigen wir nicht nur die Einheit unserer zwei Kirchen, sondern unseren größeren Dienst, da wir uns als Vorbild und Diener allen anderen Bruder-Christen zur Verfügung stellen für die vollkommene Verwirklichung des Willens des Herrn, der Einheit aller, damit die Welt glaubt, daß Gott Christus gesandt hat. Aber darüber hinaus richten wir unseren Blick auch auf alle, die an den einen Gott, den Schöpfer des Menschen und des Alls glauben. In Zusammenarbeit mit ihnen sollen wir allen Menschen dienen (...) zur Erbauung des Guten und des Friedens in der Welt und zur Herrschaft des Reiches Gottes auf Erden."[52]

---

[52] TA Nr. 173

Gedanken des Patriarchen zum christlichen Leben

Der Mensch findet keine Ruhe. Nichts kann ihn sättigen. Nichts von allem, was vergänglich ist, und wäre es das ganze Universum bis zu den fernsten Sternen. Je mehr er erreicht, um so unruhiger wird er. Er findet keine Ruhe. Sein Herz ist für die Unendlichkeit geschaffen, für eine Liebe ohne Grenzen. In der Verwirrung unserer Zeit läßt sich vieles daraus erklären, daß der Mensch dieses Verlangen nach dem Unendlichen verdrängt.

Die Jugend ist so verlassen. Ihr Schrei ist wie ein Schrei von Waisen, und gerade ihre Auflehnung ist ein Hilferuf. Was tun wir für sie? Versuchen wir nur, die Furcht vor dem Generationenproblem zu überwinden, um sie zu verstehen? Wir reden und reden, aber wir bringen es nicht fertig, Wort und Tat zu verbinden. Darum haben die Jungen kein Vertrauen mehr zu uns, sie geben nichts mehr auf unsere Worte. Sie sind anspruchsvoll. Die einen sagen, daß man die Erde und die Gesellschaft so einrichten muß, daß die Menschen glücklich werden und darüber Gott vergessen. Das ist nicht wahr. Je mehr die elementaren Lebensbedürfnisse des Menschen erfüllt werden – und das muß überall und für alle geschehen –, desto mehr wächst der Hunger nach Gott, offen oder im geheimen, in der Anbetung oder im Götzendienst.

Die Menschen haben Gott nötig, selbst in einer befriedeten Gesellschaft, weil beide, das Leben und der Tod, die Ewigkeit wollen. Das Leben in seiner Fülle und der Tod in seinem Ernst verbinden sich, um auf das Unbekannte zu verweisen...

Was die anderen betrifft – ich denke vor allem an jene Christen, die mit sich selbst zufrieden sind und vor den großen Bewegungen im Leben und in der Geschichte zurückschrecken –, so sagen sie den jungen Leuten, daß man das Christentum dem Humanismus entgegensetzen muß. Das ist ebensowenig richtig. In Gott findet der Mensch seine wahre Menschlichkeit, die schöpferische Kraft, die sein Leben umgestalten wird.

Das Evangelium ist nicht das Monopol der Christen. Denken Sie an das Werk eines Ghandi oder in gewissem Sinne auch das Werk von Atatürk... Sicherlich bleibt die Gegenwart Christi teilweise verhüllt, die christlichen Werte werden losgelöst von der Person Christi, der allein ihnen den wahren Sinn geben kann; Todesangst und Kollektivstolz mischen sich dazwischen, die Heiligung kann sich nicht vollenden.

Vielleicht ist den Vätern etwas entgangen, nämlich die so schlichte Menschlichkeit Jesu. Denken Sie an das Evangelium von Marta und Maria: „Jesus aber liebte Marta und ihre Schwester und Lazarus." Er ruhte sich gern bei seinen Freunden aus. Vor seinem Leiden wollte er sie noch einmal sehen. Er ist freiwillig ans Kreuz gegangen, um in einem kosmischen Drama zu kämpfen und zu siegen – darüber haben die Kirchenväter in einer bewundernswerten Weise gesprochen –, und selbst da, gerade da, hat er das Bedürfnis gehabt, bei seinen Freunden einzukehren und ein letztes Mal diese menschliche Liebe spürbar werden zu lassen...

Christi Freundschaft zu uns entdecken heißt auch entdecken, daß wir untereinander Brüder sind. Aber daß Christus Freunde gehabt hat, daß er Unterschiede gemacht hat, bedeutet nicht, daß er darum irgendeinen Menschen weniger liebte. Für jeden einzelnen hat er eine geheime Vorliebe. Daraus ergibt sich, wie mir scheint, ein fundamentales Prinzip des geistlichen Lebens: Man darf nicht vergleichen. Jeder Mensch ist ohne Maß. Wer kann den Menschen messen, wenn nicht die Liebe, die ja gerade nicht mißt? Der Mensch ist unvergleichbar. Christus vergleicht nicht, er liebt jeden ohne Maß. Das sollten wir vor Augen haben, wenn wir zu den Menschen gehen.

Ich bin ein menschliches Atom unter Tausenden von Atomen, und ich weiß, daß jedes von unendlicher Wichtigkeit ist. Aber lassen wir das. Kommen wir auf die Einfachheit Jesu zurück, die tiefer ist als die tiefste Theologie. Diese Einfachheit gipfelt in den Parabeln. Das ganze Evangelium, das ganze Christentum ist in diesen Bildreden enthalten. Ich liebe besonders das Gleichnis vom Guten Hirten. Als Kind habe ich beim Spielen Hirtenstäbe geschnitten und geschnitzt.

Christus allein ist der Hirte. Er allein kennt den Eingang zur Hürde. Er ruft die Lämmer bei ihrem Namen. Er ist der Hirte, aber er ist auch die Tür; durch ihn treten wir ein. Er kennt den geheimnisvollen Namen eines jeden von uns; wir gehen ein und aus und finden Weide. Wir gehen ein durch ihn, und wir finden den Kelch. Wir gehen durch ihn aus, und wir finden den Bruder. Welch ein Wunder! Der unzugängliche Gott wird unser Freund. Ihr seid meine Freunde, sagt er uns. Welch grenzenlose Freude! – Denn er hat viel geliebt.

Was haben wir getan? Was haben wir getan? Christus hat uns verlassen. Wir haben ihn verjagt. Durch unseren Haß, unseren Stolz und unsere pharisäische Überheblichkeit haben wir dem Geist des Evangeliums hohngesprochen. Und Christus ist fortgegangen, Christus ist fortgegangen.

Wo ist er jetzt, wo? Wie ein Pilger, wie ein Unbekannter geht er unter den Armen, Unterdrückten und Verfolgten dieser Erde umher. Wo ist er, wo? Vielleicht in Indien, in Afrika? Unter den im Stich gelassenen Menschenmassen der Großstädte? Und doch können wir nicht ohne ihn leben, wir können es nicht. Wir müssen ihn wiederfinden.

Ach, wir sind mit uns zufrieden. Wir sind die Selbstgerechten, wir besitzen die Wahrheit, wir verurteilen die anderen. Aber da ist das Leben, da ist die geschichtliche Vergangenheit, und sie klopfen an die Pforten der Kirche und stellen ihr letztentscheidende Fragen. Alles verändert sich. Die Revolution der Wissenschaft bricht aus und ändert nicht nur die Lebensbedingungen der Menschheit, sondern den Menschen selbst, seine Entwicklung, seine seelische Struktur, morgen vielleicht sogar seine Erbanlagen, seinen Charakter. Es ist nicht so, daß Wissenschaft und Technik notwendigerweise eine Welt ohne Gott herbeiführen, wie man gelegentlich sagt. Aber sie zwingen den Menschen mehr und mehr zu der Frage, wohin das alles führt, was für eine Bedeutung das alles hat, in erster Linie für sein eigenes Leben... Auch der Atheismus verändert sich. Er wird zu einem gesichtslosen Gebilde, in dem die Massen eingekerkert sind. Der Kommunismus verändert sich, vielerlei Tendenzen zeichen sich in ihm ab. Bald bleibt er oder wird wieder eine Ersatzreligion, bald dient er nur als Alibi für eine neue herrschende Klasse, bald wird er verweltlicht und legt das Hauptgewicht auf sozialpolitische Ziele.

Die Zeit ist erbarmungslos. Aber jeder Augenblick, der vorübergeht und den Tod bringt, kann ein Augenblick der Auferstehung werden, wenn wir ihn von Gott und nicht von der Zeit entgegennehmen. Die Sorge bindet uns an die Vergangenheit und an die Zukunft. So hindert sie uns daran, im Jetzt zu leben.

Die Vergangenheit lebt in uns fort. Die böse Vergangenheit voll von Trennung und Gewalttätigkeit haftet in uns und nährt die Furcht und den Haß. Darum muß man die böse Vergangenheit von Gott auslöschen lassen. Das Gute wird verklärt und geht ins Himmelreich ein: Das ist die Gemeinschaft der Heiligen, die unsere Gegenwart behütet und erleuchtet.

Ein Drittel der Menschheit hungert. Zu dem leiblichen Hunger gesellt sich der seelische Hunger. Zwei Drittel der Erdbevölkerung hat den Namen Christi noch nicht wirklich gehört. In den Ländern, die sich christlich nennen, besteht das größte Mißverhältnis zwischen dem Evangelium auf der einen Seite und dem Lebensstil der Christen auf der anderen Seite, und dazu kommen noch an dritter Stelle die Bestrebungen und Tendenzen der Gesellschaft.

Wie läßt sich all das mit der Auferstehung vereinbaren? Aber das liegt ja klar auf der Hand – die sogenannten Christen leben nicht die Auferstehung; sie sind keine Auferstandenen! Sie haben den Geist des Evangeliums verloren. Sie haben aus der Kirche eine Maschine gemacht, aus der Theologie eine Pseudowissenschaft, aus dem Christentum eine verschwommene Moral. Wir müßten die glühende Theologie des hl. Paulus von neuem entdecken und leben: „Wie Christus durch die Herrlichkeit des Vaters von den Toten auferweckt wurde, so sollen auch wir als neue Menschen leben“ (vgl. Röm 6,4). Wenn jene, die an die Auferstehung glauben, eine solche Lebenskraft in sich tragen, dann wird man Lösungen für die Probleme finden, von denen die Menschen heute bedroht werden.

Zunächst geht es darum, den inneren Menschen zu formen, ihn zu schöpferischer Anbetung fähig zu machen. Wir brauchen

Menschen, die im Heiligen Geist die Auferstehung Christi als Erleuchtung des Kosmos und als Sinn der Geschichte erfahren. Von dieser inneren Kraft wird eine Begeisterung ausgehen, die den humanistischen Werten und den großen sozialen Ideen ihren eigentlichen Sinn verleiht. Alles liegt darin: in sich selbst ein neues Leben beginnen, seine Seele in ein Festgewand kleiden. Dann füllen wir unsere Hände mit brüderlichen Geschenken für jene, die leiblichen Hunger leiden, wie für jene, die seelischen Hunger leiden.

Man muß der Verlorene Sohn sein, um die ganze Liebe des Vaters zu uns zu entdecken. Ach, viele Christen lassen es bei einem verschwommenen Vollkommenheitsideal oder bei einem allgemeinen Tugendbegriff bewenden. Sie glauben zwar, sie seien Christen, sind aber in Wirklichkeit Christus nicht begegnet. Nun aber ist das Christentum Christus selbst; es ist zunächst ein Antlitz, das Antlitz des Auferstandenen. Einzig die persönliche Begegnung mit dem Auferstandenen läßt uns an seinem Leben teilhaben und uns unsere verlorene Ebenbildlichkeit mit dem Schöpfer wiederfinden. In Christus ist Gott uns nahe, und die Mitmenschen werden es auch. In Christus entdecken wir, daß Gott die Liebe ist, und diese Liebe ist sowohl die Kraft, die das ganze Weltall beseelt, als auch das Vertrauen, das den Blick hell werden läßt.

Das Christentum ist das Leben in Christus. Christus bleibt niemals bei Verneinung und Ablehnung stehen. Wir selbst haben dem Menschen so viele Lasten aufgebürdet! Jesus sagt nie: Du sollst nicht, man darf nicht. Das Christentum besteht nicht aus Verboten. Es ist Leben, Feuer, Schöpfung, Erleuchtung. Im Vertrauen wird das Herz verwandelt. Dann strömt allmählich das Leben des Auferstandenen in uns ein.

Die Natur ist ein Trost, den Gott uns als Erinnerung an das Paradies schenkt. Ihr Friede, ihre Kraft, ihre weise Gesetzmäßigkeit erquicken die Seele in der Ungewißheit des Schicksals, besonders in bewegten und schweren Zeitläuften. Da wird die Menschheit von Fieber und Wahnwitz ergriffen, aber die Natur belehrt uns über die Treue Gottes, die Gesetze der wahren Fruchtbarkeit, die da heißen Geduld, Langmut und Stille.

Der Erlöser, der in Betlehem geboren wird, ist kein ferner und anonymer Gott. Es ist der „Gott mit uns", er, der jedes Haar auf unserem Kopf gezählt hat. Er lenkt in geheimnisvoller Weise das Leben eines jeden von uns und die ganze Geschichte, um eine vollkommene Gemeinschaft mit uns einzugehen.

Gott ist kein absolutistischer Herrscher oder ein Diktator, der mit seinen Geschöpfen selbstherrlich wie mit Gegenständen verfährt. Seine Allmacht ist Liebe. Die Liebe übt keinen Zwang aus. Man muß sich freiwillig Gott zuwenden, sich ihm freiwillig öffnen, damit er in unserem Leben transparent werden kann. Gott ist die absolute bewegende Kraft der Geschichte, aber diese Kraft ist Liebe; sie könnte nicht zwingen, ohne sich selbst zu verleugnen.

So kommt es, daß unter der Oberfläche dunkle Tiefen klaffen und dämonische Kräfte am Werk sind, wie es im Leben der einzelnen und auch in der Geschichte der Völker zutage tritt. Das ist auch der Grund, warum die geschichtlichen Tragödien sich so unerwartet ausweiten: Es genügt ein schmaler Spalt, damit die schwarze Lava sich ergießt. Dann werden die einzelnen wie Strohhalme mitgerissen. Ich habe all das gesehen.

An hohen Festen ist der Eifer der Gläubigen groß. Aber meistens sieht alles wie eine Aufführung von Schlafwandlern vor einem schlafenden Publikum aus. So kann es nicht weitergehen mit diesen Gottesdiensten, wo die Leute steif und unbeweglich in ihren Kirchenstühlen sitzen und von Zeit zu Zeit mechanisch ein Kreuzzeichen machen; weder mit diesen so privaten Taufen, die bloße Familienfeste sind, noch mit den verweltlichten Hochzeiten. Das manifestiert sich auch im Verfall der religiösen Kunst. Stellen Sie sich vor, wie ein liturgischer Gottesdienst in der Hagia Sophia aussehen müßte!

Heute geht es weniger darum, zu zerbrechen und zu verweigern, als darum, das tägliche Leben friedlich und hell zu machen. Die Mystik besteht nicht notwendigerweise in außergewöhnlichen Erfahrungen. Wir können voller Bewunderung das einfachste Geschehen, die scheinbar banalste Begegnung erleben und dabei spüren, wie durch Menschen und Dinge hindurch das Antlitz des Auferstandenen erscheint. In seinem Licht geht alles vom Tod zum Leben über, von der Abwesenheit zur Anwesenheit, von der Zeit zur Ewigkeit.

Nichts beunruhigt mich. Nichts kann mich beunruhigen. Ich bin in Gottes Hand. In Leiden und Schicksalsschlägen bleibt uns der nackte Glaube, daß Gott uns mit unendlicher Liebe liebt; uns bleibt das Blut Christi, die liebevolle Nähe der Gottesmutter. Erinnern Sie sich an die Ikonen der Jungfrau Maria, besonders an jene, wo sie das Gesicht ihres Kindes an ihr Gesicht drückt. Mit wieviel Liebe hatte man in der Kirche, in der wir gestern waren, ihre Ikone mit Blumen geschmückt! In den Ikonen ist sie an vielen Orten gegenwärtig. Und ihr Glaube kommt dem unseren in dem Augenblick zu Hilfe, wo wir nicht mehr begreifen. Ihre milde Güte nimmt unsere Bitterkeit hinweg.

Ich kenne solche Augenblicke, wo man nicht mehr Herr der Lage ist, wo man nichts mehr kann. Dann lege ich mein Geschick ganz in die Hände Gottes, ich gebe mich mit der ganzen

Last meiner Ohnmacht in dieses Vertrauen hinein. Dann überkommt mich der Friede, jener Friede, den der Herr uns schenkt und der alles Begreifen übersteigt.

Die einzige Revolution, welche die Kirche anerkennt, ist die *metanoia,* die Reue, unentbehrlich für die kirchliche Gemeinschaft wie für jeden einzelnen. Bei den großen historischen Umwälzungen muß jeder seine Verantwortung auf sich nehmen. Die Kirche darf nicht Partei ergreifen, denn sie ist keine weltliche Macht. Sie ist weder revolutionär noch gegenrevolutionär. Sie ist die Kirche der Liebe. Sie weiß, daß auf die Dauer nur die Liebe das Leben verändern kann, daß man bei sich selber anfangen muß, sonst wäre die Revolution nur ein Alibi, und daß der, welcher der Erste sein will, der Letzte und der Diener aller werden muß. Dieses paradoxe Wort Christi richtet nicht nur die Verantwortlichen der Kirche, sondern auch die Staatenlenker. Leider werden die Menschen oft von Kindsköpfen regiert, die in ihrem Dünkel oder Fanatismus Gewalttat und Leiden unnötig vermehren.

Man vergißt nicht das Böse, das man getan hat, und jenes, das man erlitten hat, besonders wenn die Schuldigen Menschen oder Gruppierungen sind, wie es sie immer gibt. Man vergißt nicht. Man kann sich nicht zum Vergessen zwingen. Aber wenn man seine Waffen und seinen Besitz ablegt, wenn man sich dem Gottmenschen öffnet, der alles neu macht, dann tilgt er die böse Vergangenheit und schenkt uns eine neue Zeit, in der alles möglich ist. Gott, der Mensch wird, der am Kreuz stirbt und der aufersteht, er ist die Vergebung. Er vergibt uns und läßt uns vergeben, denn er erneuert die Zeit, sogar die Vergangenheit. Das ist das Geheimnis der Buße. Dieses Geheimnis kann sich auch zwischen den Völkern vollziehen, aber zuerst und vor allem zwischen den Kirchen; denn nur durch Gottes Vergebung hat die Kirche Bestand. Darum haben der Papst und ich mit der Heiligen Synode zu Gott gebetet, er möge jene schlimme Vergangenheit, die zwischen uns stand, aus dem Gedächtnis der Kirche tilgen, jenes Drama aus dem Jahre 1054, das den Haß immer noch schürte. – „Steht auf, wir wollen weggehen von hier“ (Joh 14,31).

Trotzdem können wir die Zukunft nicht bestimmen. Sie ruht in Gott. Wir wissen nur, daß die Auferstehung in unserem Leben wie in der Geschichte das letzte Wort behält. Darum sind wir ohne Furcht, wir richten unseren Blick auf Gott und überlassen ihm die kommenden Geschehnisse in absolutem Vertrauen.

So können wir die Gegenwart annehmen und sie so intensiv wie möglich leben. Jeden Morgen stehe ich mit dem Dank auf, daß ich lebendig bin, und empfange den neuen Tag wie einen Segen. Jede Lebensverheißung, die aus der Vergangenheit kommt und sich auf die Zukunft Gottes richtet, versuche ich heute zu vermehren, indem ich den gegenwärtigen Augenblick in seiner ganzen Fülle ausschöpfe.

Erinnern Sie sich: Jesus ist bei einem Pharisäer eingeladen. Eine Sünderin kommt, sie trägt ein Salbgefäß. Sie wirft sich zu Füßen Jesu nieder, benetzt sie mit ihren Tränen und trocknet sie dann mit ihren Haaren, küßt sie und salbt sie mit Öl. Der Pharisäer denkt, daß Jesus kein Prophet ist, sonst wüßte er, daß diese Frau eine Sünderin ist. Da erzählt Jesus ihm die Geschichte von den beiden Schuldnern. Der eine schuldete 500 Denare, der andere 50. Ihr Gläubiger erläßt beiden die Schuld. Wer von ihnen wird ihn am meisten lieben? fragt Jesus. Und der Pharisäer kann nur antworten: Der, dem er am meisten erlassen hat. Da erinnert Jesus ihn an alle Liebesbeweise, welche die

Frau ihm gegeben hat: die Tränen, die Haare, die Küsse, das Salböl. Und Jesus sagt: „Darum, sage ich dir, sind ihr die vielen Sünden vergeben, weil sie viel geliebt hat.“ *Oti igapisen poli* – Weil sie viel geliebt hat.

Das ist das ganze Christentum. Und dann die Ehebrecherin. Jesus schrieb in den Sand. Niemand wagte, einen Stein zu werfen. „Geh und sündige nicht mehr!“ Wer entdeckt, wie sehr er geliebt wird, fängt an, die böse Einsamkeit, die Absonderung aufzugeben. Er hört auf, sich selber zu hassen. Da ist jemand, der ihn annimmt, er hat im geheimen einen Freund. Er tritt in die Herrlichkeit der Auferstehung. Sein Leben ersteht nach und nach neu in Demut und Vertrauen, nicht durch Bannstrahlen, die allein die Oberfläche treffen, so daß sich das Böse nur von einer Ebene auf die andere verlagert; vielmehr vom Herzen, von der Mitte aus... Die Reue, die *metanoia* ist eben diese Hinwendung zur Mitte; es ist das Herz, bisher auf das Nichts gerichtet, das sich plötzlich, in einem gewaltigen Schrei des Glaubens zu Gott kehrt...

Was haben wir nur aus dem Christentum gemacht! Eine Religion des Gesetzes und der Selbstgerechtigkeit! Denken Sie zum Beispiel an die Angst vor der Frau und vor der Liebe, von der die christliche Psychologie so stark geprägt worden ist. Aber Jesus sagt niemals etwas gegen die Frau, niemals. Übrigens sagt er niemals etwas gegen den Menschen, er liebt ihn, er verhilft ihm dazu, seine Ebenbildlichkeit mit dem Schöpfer wiederzufinden. Nur die Pharisäer und die Heuchler klagt er an, und mit welcher Härte! Jene, die mit sich selbst zufrieden sind und daher die anderen verurteilen und herabsetzen.

Weil sie viel geliebt hat – *Oti igapisen poli.* Aus welchem Grund sonst?

„Gott ist Mensch geworden, damit der Mensch Gott werde“: Das ist für die Kirchenväter der letzte Sinn des Christentums. Um zu dieser Fülle zu gelangen, muß man vollkommen an Christus teilhaben können; nicht nur sich für die Werte des Evangeliums interessieren, sondern sich mit Christus vereinigen, „eingepflanzt in ihn“, wie der Apostel sagt, damit sein Leben in uns einströme wie die Lymphe des Stammes in den aufgepfropften Zweig. Wo anders finden wir diese vollkommene Vereinigung, wenn nicht im eucharistischen Kelch im Herzen der Kirche?

Im Mittelpunkt von allem Christus. Im Mittelpunkt von allem der Kelch. Da, und nur da schenkt Christus sich gänzlich. Wie ist das möglich? Warum verbrennt er mich Armseligen nicht? In der Eucharistie sind wir mit unseren Brüdern vereint, aber nur, weil wir zuvor mit Christus vereint sind. Vereint auf die wirklichste Weise, da wir mit ihm ein einziges Leben geworden sind, ein einziges Blut, ein einziger Leib. Darum sind wir auch wirklich Glieder untereinander ohne die geringste Trennung. Die Kirche ist in ihrer eigentlichen Wirklichkeit nichts anderes als das. In ihrer eigentlichen Wirklichkeit, das heißt in der Eucharistie, ist sie nicht mehr jene erbärmliche und enttäuschende Gemeinschaft, aus der wir den Geist Christi vertrieben haben. Sie ist Christus selber, sein auferstandener Leib, durch den die göttlichen Kräfte sich in die Menschheit und in das Weltall ergießen.

Man muß denen sagen, die in der Eucharistie nur ein brüderliches Mahl sehen, daß diese Speise, auch wenn sie in Liebe mit anderen geteilt wird, sie nicht davor bewahrt zu sterben. Die

Eucharistie ist zunächst die Vereinigung mit dem Auferstandenen, der uns auferweckt; das himmlische Brot, das uns schon auf Erden das ewige Leben mitteilt. Gerade deshalb ist es gleichzeitig das einzige vollkommene Brudermahl, sogar mehr als brüderlich, weil Christus uns untereinander zu Gliedern macht, uns in seinem Fleische eint.

Jene aber, die Angst vor der Geschichte haben, muß man daran erinnern, daß Christus die Hölle besiegt hat, daß die Fülle, die sich aus dem Kelch ergießt, für alle Menschen ist, daß man also das Leben nicht zurückweisen darf, denn Unkraut und Weizen sind in ihm vermischt; vielmehr muß man in ihm das Wirken des Herrn erkennen, der alles seiner Auferstehung entgegenführt. Es gibt nur einen einzigen Christus: Man muß den historischen Christus mit dem eucharistischen Christus verbinden!

Die Feier der Eucharistie beschützt die Welt und erleuchtet sie in geheimnisvoller Weise. In ihr findet der Mensch seine verlorene Kindschaft wieder; er schöpft sein Leben aus dem Leben Christi, dem heimlichen Freund, der mit ihm das lebensnotwendige Brot und den Wein teilt. Das Brot ist sein Leib, und der Wein ist sein Blut, und in dieser Einheit sind wir von nichts und niemand mehr getrennt.

Was kann es Größeres geben? Die Osterfreude, das ist die Freude der Verklärung des Weltalls. Wir empfangen diese Freude in Gemeinschaft mit all unseren Brüdern, den lebenden und verstorbenen, in Gemeinschaft mit den Heiligen und in der mütterlichen Liebe Marias. Dann kann uns nichts mehr ängstigen. Wir haben die Liebe erkannt, die Gott für uns hat, wir sind Götter. Von nun an hat alles einen Sinn. Du und auch du, du hast einen Sinn. Du wirst nicht sterben. Jene, die du liebst, auch wenn du glaubst, sie seien tot, werden nicht sterben. Was lebendig und schön ist, bis zum kleinsten Grashalm, bis zu dem flüchtigen Augenblick, in dem du die Fülle des Lebens in deinen Adern pulsieren fühlst, wird für immer lebendig bleiben. Sogar Leid und Tod haben einen Sinn und werden zum Weg des Lebens.

Alles ist schon lebendig. Weil Christus erstanden ist. Es gibt hier auf Erden einen Ort, an dem es keine Trennung mehr gibt, wo es nur noch die große Liebe, die große Freude gibt. Dieser Ort ist der heilige Kelch, der Heilige Gral im Herzen der Kirche. Und darum in deinem Herzen. Das müßten wir sagen können, das müßte der Kult sein.

Der Tod, dieses ungeheuerliche Geschehen. Alle Menschen der gleichen Generation sind gemeinsam unterwegs. Dann fällt der eine hier, der andere dort. Ich bin immer noch unterwegs, fast allein. Die meisten meiner Jugendgefährten sind tot. Auch die meisten meiner Studienkameraden. Als ich vor vier Jahren in mein Heimatdorf zurückkam, habe ich nur junge Leute getroffen, selten nur, sehr selten alte, die ich von früher her kannte.

Ich war dreizehn Jahre alt, als meine Mutter starb, achtzehn Jahre beim Tode meines Vaters. Ein Mensch in hohem Alter hat durch all die Toten, die er geliebt hat und immer liebt, seine Wurzeln mehr und mehr im Unsichtbaren. Sich entwaffnen bedeutet auch, mit dem Tod vertraut zu werden. Wenn man wehrlos ist, wenn man keine Angst mehr hat, dann fürchtet man sich auch nicht mehr vor dem Tod. Man bejaht ihn Tag für Tag. Er ist ein Durchgang. Der Auferstandene läßt uns vom Tod zum Leben übergehen. Wir sind auf seinen Tod getauft, um an seiner Auferstehung teilzuhaben. Nach und nach zieht unser Leben sich zusammen, und unsere Taufe und unser Tod werden zu einer einzigen Wirklichkeit. Das Leben findet im Tod seine Erfüllung durch das Kreuz, das Leben gibt. Ohne den Tod entbehrte das Leben der Wirklichkeit. Es wäre eine Illusion, ein Traum ohne Erwachen.

Ich möchte nicht plötzlich sterben. Eine Krankheit von ein paar Wochen zur Vorbereitung. Nicht zu lang, sonst würde sie für die anderen zur Belastung. Dann macht der Tod sich auf den Weg zu mir. Ich sehe ihn vom Hügel herabkommen, die Treppe hinaufgehen und auf dem Gang näherkommen. Er klopft an die

Zimmertür. Ich habe keine Angst, ich wartete ja auf ihn. Und ich sage: „Tritt ein! Aber laß uns nicht sogleich fortgehen. Du bist mein Gast! Setz dich einen Augenblick! Ich bin bereit." Dann mag er mich mitnehmen in die Barmherzigkeit Gottes.

Die Seelen – so viele, viele Seelen –, wo sind sie? Wir wissen etwas über ihren Zustand, aber nichts über ihren Ort. Sind sie fern von uns? In anderen Welten, auf anderen Planeten? Aber warum hätten sie diese Erde verlassen sollen, die sie liebten, auf der ihre Verwandten und Freunde noch leben? Diese Erde, deren Materie der Herr mit seinem Licht erfüllt hat? Sie sind hier, ganz nah, auf der anderen Seite des Sichtbaren, in der Barmherzigkeit Gottes. Wenn wir sie nicht sehen, so liegt das an uns, an der Begrenzung und Blindheit unserer geistigen Augen.

Einmal war ich ganz nah von hier in der St. Nikolauskirche. Ich dachte an alle Gläubigen, die seit der Erbauung dieser Kirche vor vierhundert Jahren einander hier gefolgt sind. Tausende. Wo sind sie? Wo sind ihre Seelen? Plötzlich verstand ich: Sie haben ja hier gebetet, in dieser Kirche, haben hier die Ikonen verehrt und das Lebensbrot miteinander geteilt. Hier sind sie, in der Gemeinschaft der Heiligen, in der grenzenlosen Gegenwart Christi. In seiner Liebe sind wir nicht getrennt; denn Gott existiert. Gott existiert. Die Ewigkeit existiert. In seiner Liebe will er uns alle vereinen. Bei der Auferstehung wird er alles in allen sein. Die grausame Zeit, die uns verbraucht und tötet, der Raum, der uns stößt und trennt, sie werden nicht mehr existieren. Denn Gott wird unsere Zeit und unser Raum sein; denn er existiert, er existiert. Man kann das nicht erklären. Es ist das Geheimnis des Glaubens, die selige Erfahrung des Glaubens.

Wir müssen unseren Blick ständig auf die Auferstehung Christi richten, um alles in diesem Licht verstehen zu lernen. Ostern – das Paschafest bedeutet Übergang. In uns beginnen die Welt und die Geschichte in die Ewigkeit überzugehen, wenn wir im Auferstandenen verwurzelt sind. Unser Leben muß erleuchtet sein von der Hoffnung – im friedvollen Warten auf ihn, der die Zeitläufte im Letzten Gericht über Lebende und Tote vollendet.

Die wahre Theologie steht nicht im Gegensatz zur Liebe: Sie ist deren Ausdruck. Was sind die Dogmen anderes als die Symbole einer Liebeserfahrung? Im Grunde gibt es im Christentum ein einziges Dogma, alle anderen entfalten es nur, und das ist Christus selbst, Gott, der Mensch wird, damit der Mensch in der Kirche den Geist des Lebens empfangen kann.

Man soll sich nicht mehr um Worte streiten. Man soll sich nicht mehr in Worten streiten. Man soll die Worte wieder in die Liebe eintauchen, der sie dienen müssen, in das Mysterium Christi, in das Mysterium der Kirche. Man soll die Worte nicht mehr an ihren verhärteten Fronten einander gegenüberstellen, sondern in ihrem Kern der Heiligkeit.

Christus ist die wahre Theologie. Wir finden sie, wenn wir Christus begegnen und uns in seine Geheimnisse versenken. In Jesus sagt Gott uns seinen Namen. Dieser Name ist kein philosophischer Begriff, er ist ein Wort, eine Tat. Jesus, das heißt: Gott rettet, Gott befreit, Gott führt uns ins Weite. Auf diese Geste der unendlichen Liebe gibt es keine andere Antwort als die Anbetung und in entsprechender Weise eine demütige Haltung gegenüber dem Mitmenschen. Wie befreit uns Gott? Durch das Kreuz! Für uns hat Gott selbst den Kreuzestod erlitten. Er, der Unendliche, der Unerreichbare, hat bis zum Äußersten erfahren, was Trennung heißt: Eli, Eli, lema sabachtani? – Mein Gott, mein Gott, warum hast du mich verlassen? So erfüllt seine Liebe alles, und nichts kann uns mehr scheiden von dieser Liebe.

Paulus vor allem predigt die Torheit des Kreuzes und ruft aus: „Wo ist ein Weiser? Wo ein Schriftgelehrter? Wo ein Wortführer dieser Welt? Hat Gott nicht die Weisheit der Welt als Torheit entlarvt? Denn da die Welt angesichts der Weisheit Gottes auf dem Weg ihrer Weisheit Gott nicht erkannte, beschloß Gott, alle, die glauben, durch die Torheit der Verkündigung zu retten... Wir verkündigen Christus als den Gekreuzigten: für Juden ein empörendes Ärgernis, für Heiden eine Torheit, für die Berufenen aber, Juden wie Griechen, Christus, Gottes Kraft und Gottes Weisheit. Denn das Törichte an Gott ist weiser als die Menschen, und das Schwache an Gott ist stärker als die Menschen“ (1 Kor 1,20–25).

Da haben wir die wahre Theologie! Es ist die Predigt von Christus, dem Gekreuzigten – und Auferstandenen. Ich habe den jetzigen Papst unwillkürlich Paulus II. genannt, weil mir schien, daß es seine Sendung sei, diese große paulinische Botschaft auf neue Weise zum Ausdruck zu bringen; aber diesen Auftrag haben wir alle.

Nur Johannes, der Lieblingsjünger Jesu, Gregor von Nazianz und Symeon, der Neue Theologe, werden von der Kirche als „Theologen“ verehrt. Sie grübeln nicht, sie leben das Geheimnis und lassen ihren Verstand davon leiten. Sie sind trunken vom Geiste. Wie weiß Johannes das Licht und Leben in Gott selbst zu schildern, das sich zu unserem Licht und Leben macht! Und wie versteht er gleichzeitig, uns die Menschheit Jesu zu beschreiben, seine konkreten Gesten, seine konkreten Freundschaften, in denen das Licht und das Leben ineinander verschmelzen. Auch das ist echte Theologie: Erkennen und Lieben sind unzertrennlich. Erkennen heißt im Grunde, die göttlichen Tiefen durch das Antlitz Christi hindurch im Heiligen

Geist schweigend betrachten – was die Kirchenväter die „Theologia“ im eigentlichen Sinne nennen.

Das Wunder der christlichen Offenbarung besteht darin, daß der Abgrund nicht unpersönlich ist: Eine unermeßliche Freiheit und Liebe enthüllen sich in ihm, kommen auf uns zu und zeigen sich uns als Antlitz. Ja, Gott ist so sehr über Gott erhaben, daß er sich uns am Kreuz schenkt, für uns in die Unterwelt hinabsteigt, unsere selbstmörderischen Taten als Hilferufe annimmt. Ein gekreuzigter Gott – das ist die wahrhaft apophatische (unaussprechliche) Methode, und das ist weit mehr als eine negative Theologie. Es ist die Offenbarung der Liebe. Unser Gott ist der lebendige Gott.

„Ich nenne euch nicht mehr Knechte, sondern Freunde“ (vgl. Joh 15,15). Dahin muß eine erneuerte Theologie kommen. Gott offenbart sich im geheimen als dèr Freund, der sich durch alles, was Leben hat, mit uns vereint: „Da nun die Kinder Menschen von Fleisch und Blut sind, hat auch er in gleicher Weise Fleisch und Blut angenommen“ (vgl. Hebr 2,14). Es ist vorbei mit der Zeit der Knechtschaft, vorbei mit den Lasten, die dem Menschen durch die Furcht vor einem feindseligen Gott aufgebürdet wurden. Es kommt die Zeit des lebendigen und lebenspendenden Gottes, der das konkrete Leben erleuchtet; die Zeit des Gottes, der unser Freund ist, der uns in seinem Sohn an Kindes Statt annimmt und uns im Heiligen Geist an seiner Fülle teilhaben läßt. In dieser Sicht muß das Christentum wieder eine echte „Lebenswissenschaft“ werden.

Die Armen im Geiste sind jene Menschen, die aufgehört haben, ihr Ich als den Mittelpunkt der Welt zu betrachten – sei dieses Ich individuell oder kollektiv –, und ihn statt dessen in Gott und im Mitmenschen sehen. Sie entäußern sich von allem, letztlich von sich selbst. Sie nehmen in jedem Augenblick ihr Dasein als ein Gnadengeschenk von Gott entgegen.

Lassen Sie mich den Wortschatz des Krieges gebrauchen. Ich liebe Ausdrücke wie: ich führe Krieg, ich greife an, denn so versuche ich zu leben. Aber ich führe Krieg gegen mich selbst, um mich zu entwaffnen. Um erfolgreich diesen Krieg gegen das Böse zu kämpfen, muß man ihn ins eigene Innere verlegen können, um das Böse in sich zu besiegen. Man muß den härtesten Kampf führen, den Kampf gegen sich selbst. Und da gibt es viel Nationalismus! Man muß so weit kommen, daß man sich entwaffnet.

Diesen Krieg habe ich geführt. Jahr um Jahr. Es war entsetzlich; aber jetzt bin ich entwaffnet. Ich fürchte mich vor nichts mehr, denn „die Liebe vertreibt die Furcht". Ich bin von dem Streben befreit, recht haben zu wollen und mich auf Kosten anderer zu rechtfertigen. Ich bin nicht mehr auf der Hut; ich klammere mich nicht ängstlich an meine Schätze. Ich empfange und teile mit. Ich hänge nicht besonders an meinen Ideen und Plänen. Wenn man mir bessere zeigt, nehme ich sie ohne Bedauern an. Oder vielmehr nicht bessere, sondern gute. Ich habe bewußt auf den Komparativ verzichtet. Wo immer etwas gut, wahr und reell ist, da ist das für mich stets das Bessere. Darum habe ich keine Furcht mehr. Wenn man nichts mehr hat, dann hat man keine Furcht mehr. „Was kann uns scheiden von der Liebe Christi?" (Röm 8,35).

Die biblische Offenbarung hat der Wissenschaft und Technik den Weg gebahnt. Vor allem hat sie jene geheime Kraft in die Geschichte eingebracht, von der diese seit 2000 Jahren beseelt wird, die Kraft der Person und der Freiheit. In unserer orthodoxen Überlieferung sind Freiheit und Verantwortung geradezu die Wesensmerkmale des Menschen.

Die Enzyklika „Populorum progressio“ von Paul VI. hat in meinen Augen eine Bedeutung, die ich „kosmo-historisch“ genannt habe. Das Christentum und die Welt müssen sich jetzt verbinden, um – gewiß in aller Demut – eine neue, glänzende Epoche der Kirchengeschichte einzuleiten. Die Wissenschaft pocht an die Tore des Unbekannten, aber nicht sie kann uns den Sinn vermitteln. Der Sinn ist die Auferstehung, verborgen in der Eucharistie. Die Menschheit wird eins, aber diese Einswerdung wird nur dann ohne Gewalttätigkeit und Gleichmacherei sich vollziehen, wenn die Würde der Person jedes Menschen und die Eigenart eines jeden Volkes geachtet wird. Das Beispiel aber, der Sauerteig dieser Einheit in der Vielfalt kann nur die Kirche als Abbild der Dreieinigkeit sein. Der moderne Mensch sucht die Freiheit und die Verantwortung, aber er findet das Wesen dieser Freiheit nur in der Liebe, und die Liebe muß sich von der Eucharistie nähren, um den Tod zu überwinden...

Alle kritisieren die Enzyklika „Humanae vitae“. Hören Sie mich gut an: Der Papst konnte gar nicht anders reden. Er konnte nicht anders handeln. Bei diesem Problem spielt eine vatikanische Tradition, eine vatikanische Sprache mit. Man muß verstehen, was er mittels dieser Sprache, die nicht ganz seine eigene ist, sagen wollte. Man muß verstehen, welche Werte er verteidigen wollte: die Heiligkeit der menschlichen Liebe, das Geheimnis des Kindes – jene Freude, daß ein Mensch zur Welt geboren wurde, von der das Evangelium spricht –, die zersetzende Wirkung der Lust, sobald sie sich verselbständigt und nicht durch die personale Zuwendung getragen, beherrscht und geheiligt wird, sobald sie nicht offen ist für die ganze Unermeßlichkeit des Lebens und der Liebe in all ihrer Fruchtbarkeit... Der Papst wollte auch die Rechte der Familie vor einem neuen Totalitätsanspruch schützen, der gewisse Länder der Dritten Welt bedroht.

Haben Sie gemerkt, daß die Enzyklika 31 Seiten hat? Dieses überschwengliche Bedürfnis zu überzeugen, zu beweisen! War das unbedingt notwendig? Vielleicht hätten ein paar Worte genügt. Aber ein paar Worte zur Geburtenkontrolle, wenn Millionen von Menschen genaue Lösungen erwarten! Sie würden ohne den klaren Rückgriff auf die traditionellen Lösungen den Eindruck haben, daß man ihnen das Gegenteil anrät!

Wenn die Atheisten fragen: Wie kann es einen Gott geben?, so müßte man ihnen eigentlich ihre Frage mit einer Gegenfrage beantworten: Wie kann die Welt existieren? Wie ist sie zu verstehen?

Ich: Es heißt, Sie seien ein Feind der Theologen.

Er: Was wollen Sie, ich habe Ähnlichkeit mit meinem Namenspatron – der kein Heiliger ist –, dem Apologeten Athenagoras. Er sagte den Heiden: Bei uns findet ihr hauptsächlich Ungebildete, die nicht so klug sind und die ganz unfähig sind, die Wahrheit ihrer Lehre in Worten darzulegen, die aber versuchen, sie durch ihr Leben zu bezeugen. Vielleicht ist Athenagoras deshalb nicht heiliggesprochen worden, weil er solche Dinge gesagt hat. Er hat auch geschrieben, daß kein Mensch von der Teilhabe am göttlichen Lebenshauch ausgeschlossen sei...

Ich: Aber was ist das mit der Geschichte vom Bosporus?

Er: Was für eine Geschichte vom Bosporus?

Ich: Sie hätten gesagt, daß Sie alle Theologen in den Bosporus werfen wollten.

Er: Das habe ich nie gesagt! Das ist eine Legende... Ich habe nur den Vorschlag gemacht, alle Theologen auf eine Insel zusammenzubringen. Mit viel Sekt und Kaviar!

Ich: Um sie loszuwerden oder um ihnen die bestmöglichen Arbeitsbedingungen zu verschaffen? Übrigens sind sie keinen Sekt gewöhnt. Sie sind leider selten trunken, weder vom Sekt...

Er: ... noch vom Heiligen Geist. Sie sind boshafter als ich. Um auf Ihre Frage zurückzukommen: Zuerst wollte ich sie alle auf eine Insel bringen lassen, um etwas aufatmen zu können, um den Christen der verschiedenen Bekenntnisse die Möglichkeit zu geben, sich frei und ungezwungen kennenzulernen, ohne ständig gesagt zu bekommen, daß die einen recht haben und daß die anderen unrecht haben oder daß sie immer auf der Hut sein müssen. Aber jetzt denke ich, daß man die Theologen auf eine Insel bringen müßte, damit sie gründlich diskutieren. Der Augenblick ist gekommen.

Das Geheimnis Christi ist unergründlich. Es übersteigt alle Begriffe, mit denen man es erfassen möchte. Man kann es nicht einschließen, nicht besitzen; man kann vor ihm nur bewundern, immer von neuem erstaunen.

In der Kirche des Westens wie in der Kirche des Ostens haben wir gemeinsam die Tradition der Kirchenväter. Durch sie spricht die ungeteilte Kirche. Das, was uns durch sie mit den Christen des Westens, vor allem mit den Katholiken, verbindet, ist nicht nur die Überlieferung der Heiligen Schrift, sondern auch eine gewisse Art und Weise, sie im Geheimnis der Kirche, im Licht der Eucharistie und der Heiligkeit zu verstehen. Wir müssen sowohl im Osten als auch im Westen uns darum bemühen, das fortzusetzen und diese patristische Tradition neu zu beleben.

An den Sinn der Liebe erinnern, das ist meine Aufgabe. Dem Menschen helfen, auf den anderen zu achten, auf das Leben zu achten, fähig zu Ehrfurcht und Bewunderung zu werden. Ich selber kann dem Menschen nur mit Ehrfurcht begegnen. Sein Brautgemach ist mir heilig. Ich trete nicht ein. Wenn Mann und Frau in wahrer Liebe miteinander verbunden sind, so ist ihre Liebe vollkommen heilig.

Die Liebe nährt das Gebet, und das Gebet nährt die Liebe. Fürbitten und danksagen heißt, dazu beitragen, daß das Blut des Kelches das ganze Universum tränken kann. „Sagt Dank für alles", mahnt der Apostel. Bewundern Sie, daß Gott existiert; dann werden Sie entdecken, daß alles lebendig ist. Das Gebet wird zur Daseinsform desjenigen, der aufhört, sich in sich selbst zu verschließen, und sich dem öffnet, was unermeßlich und einfach ist. Wer reinen Herzens ist, wird Gott schauen, und die Sanftmütigen erben das Land.

Eine unserer großen Aufgaben ist die Erneuerung des geistlichen Lebens. Psychoanalyse und Yoga-Lehre finden wahrscheinlich deshalb besonderen Zuspruch, weil das Christentum in den Bereichen des tiefen geistigen Lebens nicht genügend präsent ist. Uns fehlt eine Spiritualität, die in der tiefen Tradition des Gebets verwurzelt ist und sich gleichwohl ganz für den heutigen Menschen eignet.

Das Christentum ist die Religion der Freiheit. Christus hat sich geweigert, die Steine in Brot zu verwandeln und vom Kreuz herabzusteigen, weil er unsere Freiheit endgültig begründen wollte. Die Freiheit ist der Wesenskern der evangelischen Botschaft. Der Glaube macht uns nicht nur frei – von der Furcht, vom Tod, von den Mächten und den Mächtigen dieser Welt –, sondern er ist der höchste Akt der Freiheit. Ich gehe zu Christus, weil ich ihn liebe. Nichts anderes verpflichtet mich dazu, als daß er mir seine Liebe bewiesen hat. Die Liebe aber zwingt nicht, sie macht frei. Darum müßte das ganze Leben der Kirche auf Liebe und Freiheit gegründet sein. Die Kirche soll keine Autorität sein, die Erlaubnisse und Verbote erteilt; sie soll freie Menschen erzeugen, die imstande sind, ihr Leben im Licht des Heiligen Geistes frei zu gestalten.

Die Freiheit ist überall notwendig. Wenn die Anwesenheit loyaler Christen in der bürgerlichen Gesellschaft, die jedoch ihre Überzeugung mutig, notfalls bis zum Blutvergießen bekennen, die Stadt Gottes ist, und wenn der lebendige Gott zu jeder menschlichen Seele in persönlicher Beziehung steht, dann begründet und erneuert diese Anwesenheit die echte Freiheit des Geistes. Nichts ist wertvoller für die Bürger als die Meinungs- und Redefreiheit. Aber man kann nur dann den rechten Gebrauch von ihr machen, wenn man die anderen gelten läßt, wenn man versucht, von seinen eigenen Vorurteilen und Leidenschaften frei zu werden.

Die Einheit der Kirche ist ein Abbild der geheimnisvollen Einheit Gottes, denn der Heilige Geist führt uns durch den Sohn in die Liebe des Vaters, den Urquell der Gottheit. Indem wir an den heiligen Gaben teilhaben, wird das trinitarische Geheimnis zum Innersten unseres Lebens. In ihm wird unser Leben unendlich weit. Jedes Mal, wenn ich entdecke, daß das Antlitz des Mitmenschen transparent und zugleich unnachahmlich ist, nehme ich teil am Geheimnis der Dreieinigkeit. Deshalb kann die irdische Daseinsweise der Kirche nicht anders versinnbildet werden als durch die Einheit in der Liebe, die Erfüllung des „neuen Gebotes“ unseres Herrn.

Wir haben aus der Kirche eine Organisation unter anderen gemacht. All unsere Kräfte erschöpften sich darin, sie wieder auf die Füße zu stellen, und jetzt erschöpfen sie sich darin, sie in Gang zu halten. Und das funktioniert, mehr oder weniger, eher weniger als mehr, aber es funktioniert. Allerdings nur wie eine Maschine; wie eine Maschine und nicht wie das Leben!

Damit Kirche und Christentum zusammenfinden, muß zunächst die Kirche der Welt einen armen und demütigen Anblick bieten. Natürlich müssen die Kirchen normalerweise über ein Mindestmaß an finanziellen Mitteln verfügen, und diese Mittel müssen gut verwaltet werden. Bei der Neuorganisierung unserer Gemeinschaften in Amerika bestand ich auf einer geordneten finanziellen Verwaltung. Tatsächlich hat das Volk das Notwendige gespendet und weit darüber hinaus. Aber die Geistlichen und die Verantwortlichen müssen lernen, sich zu bescheiden und ein Beispiel von Einfachheit zu geben. Auf diesem Gebiet können wir vom Papst und von manchen katholischen Bischöfen vieles lernen. Der heutige Mensch versteht nur die Einfachheit und die spontanen Gesten der Güte – wenigstens außerhalb der Kirche. In der Kirche selbst muß es aber, ob es sich um den Schmuck oder die Liturgiefeier handelt, sehr festlich zugehen, und das muß in allen Formen der Schönheit zum Ausdruck gebracht werden.

Das gute Gemeindeleben beruht auf der täglichen Zusammenarbeit zwischen dem Priester und dem Laienvorsteher, der alle zwei Jahre von sämtlichen Gläubigen gewählt wird. Auch in

Amerika findet alle zwei Jahre eine Versammlung der Erzdiözese statt, auf der grundlegende Beschlüsse gefaßt werden und auf der die Abordnungen der Laien viel zahlreicher sind als die des Klerus. Wir Geistlichen können nichts ohne die Laien tun. Wir laufen Gefahr, in unserem kleinen Kreis eingeschlossen und weltfremd zu bleiben. Die Laien kennen das Leben; wir müssen auf sie hören. Wenn ich selber ein wenig Menschenkenntnis habe, wenn ich gelegentlich intuitive Einsichten in das Geschick der Kirche und in die Zukunft des Christentums habe, so deshalb, weil ich seit neunundfünfzig Jahren unmittelbar mit dem Volk in Verbindung stehe. Ich bin ein alter Diener des Volkes, Tag für Tag.

Der eigentliche theologische Dialog, in den wir jetzt treten und für den wir arbeiten, muß ganz natürlich wachsen und reifen im Innern des Dialogs der Liebe, im Innern jenes Geheimnisses der Kirche, die von ihren Fundamenten her unsere gemeinsame Kirche ist. In dieser langwierigen Arbeit müssen wir uns ganz dem Heiligen Geist anvertrauen; wir müssen die Fürsprache unserer Märtyrer, der Kirchenväter und der Heiligen erbitten... Glauben Sie mir, wenn Gott in seiner unermeßlichen Weisheit die Trennung zugelassen hat, dann deshalb, weil er alles zum Guten zu wenden weiß.

Lebensdaten

1886	Am 25. März wird Aristokles Spyru als erstes von drei Kindern des Landarztes Matthäus Spyru und seiner Frau Helena in Tsaraplana im Epirus geboren.
1893–1895	Besuch der Grundschule in Tsaraplana.
1895–1899	Besuch des Scholarchions von Konitsa.
1899–1901	Schwere Erkrankung.
1901–1903	Besuch der höheren Schule in Jannina.
1903–1910	Abschluß der schulischen Ausbildung und theologische Studien in Halki.
1910–1918	Diakonatsweihe und Ablegung der Mönchsgelübde. Der junge Diakon in Diensten am Bischofssitz von Monastir.
1918–1919	Vom Oktober bis März Mönch auf dem Berg Athos.
1919–1923	Der Erzdiakon Athenagoras als Erster Sekretär der Heiligen Synode. Mönch im Kloster von Petrarki.
1923–1930	Bischof von Korfu.
1930–1948	Erzbischof der griechisch-orthodoxen Kirche von Amerika.
1948	Wahl zum Ökumenischen Patriarchen von Konstantinopel am 1. November.
1949	Am 26. Januar kommt der neue Patriarch in Istanbul an.

1964 Am 5. und 6. Januar die historische Begegnung zwischen dem Patriarchen und Papst Paul VI. in Jerusalem.

1972 Am 6. Juli geht die Nachricht vom Tode des Ökumenischen Patriarchen Athenagoras I. von Konstantinopel in alle Welt.

Inhalt

Karl-Heinz Fleckenstein
FÜR DIE KIRCHE
VON MORGEN
Im Gespräch mit
Kardinal Suenens

Mit einem Vorwort
von D.H. Dietzfelbinger

192 Seiten, gebunden
ISBN 3-87996-102-6

Aus vielen Gesprächen mit dem weit über die Grenzen seines Landes hinaus bekannten Kardinal entstand ein aktuelles Porträt. Mutig in seinem Bekenntnis zur Wahrheit; mit offenem Herzen für die ökumenischen Bemühungen, engagiert und mit einem frischen Schuß Humor steht er Rede und Antwort: ein Mann, dessen Leben und Schaffen der Zukunft der Kirche gilt.

„Diese Gespräche mit dem belgischen Kardinal und Erzbischof Suenens bringen nicht nur wertvolle Lebenserinnerungen. Sie sind ein ökumenisches Buch besonderer Art."

D. Hermann Dietzfelbinger

„Ich habe in den letzten Jahren kein Buch in der Hand gehabt, das sich so leicht liest und dabei doch voll geistiger und geistlicher Substanz ist."

Kirche und Leben

VERLAG NEUE STADT MÜNCHEN ZÜRICH WIEN

Igino Giordani

GEISTLICHES TAGEBUCH

1941–1968

152 Seiten, kart.

ISBN 3-87996-120-4

Eine Auswahl von Tagebuchaufzeichnungen des katholischen Schriftstellers und Politikers Igino Giordani (1894–1980). Er war der Verantwortliche des ökumenischen Sekretariats der internationalen Fokolar-Bewegung. Im Mittelpunkt steht die Frage: Wie kann ich als Familienvater, als Politiker, als Laie in dieser Welt ein Christsein ohne Abstriche verwirklichen? Sein Tagebuch ist das bewegende Zeugnis dieses Suchens und Reifens hin zu einem in Christus verwirklichten Menschsein.

„Nur zu häufig beziehen Politiker die Erkenntnis, daß sich die Forderungen des Evangeliums nicht ohne weiteres auf das Zusammenleben der Völker übertragen lassen, der Einfachheit halber gleich auf ihre Person. Den umgekehrten Weg ging der DC-Politiker Giordani, der über seine persönliche Spiritualität möglichst viel in die Politik einbringen wollte und auch einbrachte. Eine wertvolle Lektüre."

LR-Literaturreport

VERLAG NEUE STADT MÜNCHEN ZÜRICH WIEN